KB271720

동몽선습/계몽편
童蒙先習 啓蒙篇

이상기(李相麒) 譯

전원문화사

童蒙先習 / 啓蒙篇
동 몽 선 습　계 몽 편

李相麒 譯

머리말

　이 책은 비록 명칭만은 어린이 교재로 되어 있지만, 실제로는 성인들의 자기 수양에 큰 도움이 되며, 성인들이 행동의 거울로 삼아야 할 책이다.

　오늘날 문화가 고도로 발달됨에 따라 물질에만 탐욕이 생기고, 생존경쟁이 치열해져서 자칫하면 인간의 도리에서 벗어나고, 또 목표를 상실하게 되어 인생 행로에서 방황하기 쉽다. 어떠한 어려운 환경에 부딪혀도 흔들리지 않는 확고한 신념을 갖게 하는 데, 이 책 이상 좋은 책은 없다.

　《동몽선습》은 조선 명종(明宗) 때의 유학자인 박세무(朴世茂)가 지은 것으로, 부지런히 익혀서 앞날의 성공하는 터전을 닦는 데 좋은 책이라고 생각한다.

　여기에 더욱 도움이 되고자 《계몽편》을 첨가했다. 특히 이 두 책을 번역한 이유는 명실공히 세계 제일의 윤리관을 확립함에 일익을 담당하고자 함에 있다.

　독자들이 이 책을 공부해서 조금이라도 깨닫는 것이 있고, 나아가 사회생활에 도움이 되는 바가 있다면 무한한 영광일 것이다.

끝으로 이 책의 출판에 노고가 많으신 전원문화사 김철영 사장님과 편집부 여러분께 감사의 뜻을 전한다.

1997년 8월

譯者 李 相 麒

이 책의 특색

1. 동몽선습(童蒙先習)

동몽선습은 조선 명종(明宗)때의 유학자(儒學者) 박세무(朴世茂)가 지은 것이며, 그후 오랜 세월이 지난 뒤 송시열(宋時烈)이 발문(跋文)을 지어서 어린이 교재로 삼았다.

2. 계몽편(啓蒙篇)

계몽편은 그 작자가 누구인지 모른다. 수편(首篇)·천편(天篇)·지편(地篇)·물편(物篇)으로 분류되었으며, 마지막 문장은 편명이 붙어 있지 않다.

이 책의 순서는,
1. 원문(原文)
2. 음훈독(音訓讀)
3. 어구해석(語句解釋)
4. 대역(對譯)
5. 대의(大意)
의 순서로 되어 있다.

1. [原文]은 한자 바로 위에 음을 달아 누구라도 쉽게 읽을 수 있도록 했다.
2. [音訓讀]은 어려운 한자에 뜻과 음을 하나하나 달아 놓았다.
3. [語句解釋]은 어원(語原), 역사적 배경 등까지 상세히 기술하여 이해하기 쉽도록 했다.
4. [對譯]은 직역을 해서 원문과 대조하며 공부하기에 편리하도록 했다.
5. [大意]는 직역을 했기 때문에 다소 이해가 어려운 부문에 대해 보충 설명을 했다.

차 례

제2편 / 계몽편(啓蒙篇)

부록 / 한문법(漢文法)

제1편
동 몽 선 습
(童蒙先習)

1. 어제동몽선습서（御製童蒙先習序）

夫此書는 卽東儒所撰也라
부 차 서　　즉 동 유 소 찬 야

總冠以五倫하고
총 관 이 오 륜

復以父子君臣夫婦長幼朋友로
부 이 부 자 군 신 부 부 장 유 붕 우

列之于次하며 而其自太極肇判으로
열 지 우 차　　이 기 자 태 극 조 판

三皇五帝夏殷周漢唐宋以至皇朝에
삼 황 오 제 하 은 주 한 당 송 이 지 황 조

歷代世系를 纖悉備錄하고
역 대 세 계　　섬 실 비 록

逮夫我東하여는 始檀君으로 歷三國하여
체 부 아 동　　시 단 군　　역 삼 국

至于我朝에 亦爲俱載하니
지 우 아 조　　역 위 구 재

文雖約이나 而錄則博하고 卷雖小나
문 수 약　　이 록 즉 박　　권 수 소

而包則大라. 其況堯舜之道는
이 포 즉 대　　기 황 요 순 지 도

孝弟而已라. 舜之命契에
효 제 이 이　　순 지 명 설

以五品爲重하니
이 오 품 위 중

此文之冠以五倫者가 其意宏矣로다.

【音訓讀】

- 儒 … 선비 유
- 撰 … 지을 찬
- 肇 … 비로소 조
- 纖 … 가늘 섬
- 悉 … 다 실
- 況 … 하물며 황
- 契 … 사람이름 설
- 宏 … 클 굉
- 矣 … 어조사 의

【語句解釋】

- 御製(어제) : 임금이 지은 것.
- 東儒(동유) : 동쪽에 있는 선비 나라. 즉 우리나라. 중국이 천하의 중앙에 있다고 하는 중국 사람들의 사상에서 나온 말.
- 所撰(소찬) : 글을 지은 바.
- 肇判(조판) : 처음으로 갈라지는 것.

- 世系(세계) : 대대의 혈통(血統).
- 孝弟(효제) : 효는 효도. 제는 어른에게 공손한 것.
- 契(설) : 순(舜) 임금 때 우(禹)를 도와 중국의 홍수를 다스려서 공을 세운 사람.

【對譯】 임금이 지은 동몽선습 서문

이 책은 우리나라 선비가 지은 것이다.

첫머리에서 오륜에 대해서 총괄적으로 논하고, 그 다음은 이것을 다시 부자·군신·부부·장유·붕우의 순으로 열거(列擧)하였다. 태극(太極)이 비로서 나누어짐으로부터 삼황·오제·하·은·주·한·당·송을 거쳐 명나라에 이르기까지 역대의 대대의 혈통(血統)이 자세하게 기록되어 있다. 우리나라에 이르러서는 단군에서부터 삼국을 거처 조선에 이르기까지 역시 자세하게 기록되어 있다.

글은 비록 간략하나 그 범위는 넓고, 책은 비록 작으나 그 속에 포함되어 있는 것이 크다. 더군다나 요·순의 도는 효제일 뿐이랴. 순이 설(契)에게 명하여 오품을 중히 여기게 했으니, 이 책의 첫머리에 오륜을 말한 것은 그 뜻이 대단히 깊다.

【大意】

이 글은 조선 영조(英祖) 임금이 지은 〈동몽선습〉 서문의 첫 부분이다.

오륜이 밝아야만 인간사회의 질서가 바로 잡히게 되니, 이 책 첫머리에 오륜을 논한 것은 그 뜻이 매우 깊다.

噫라 孝於親然後에 忠於君하며

弟於兄然後에 敬于長하니

以此觀之면 五倫之中에

孝弟爲先이라. 雖然이나

詩贊文王曰於緝熙敬止라 하니

敬者는 成始終徹上下之工夫也라.

故로 大學要旨는 卽敬字也요

中庸要旨는 卽誠字也라 誠敬이

亦於學問에 車兩輪鳥兩翼者也라.

今予於此書에

以誠敬二字로 冠于篇首하노라.

誠然後에 能免書自我自하고

敬然後에 可以欽體欽遵하니

학 기 가 홀 호 재
學豈可忽乎哉리오.

【音訓讀】

- 噫 … 느낄 희
- 贊 … 기릴 찬
- 於 … 탄식할 오
- 緝 … 이을 집
- 旨 … 뜻 지
- 庸 … 떳떳할 용
- 欽 … 공경할 흠
- 遵 … 좇을 준
- 忽 … 소홀할 홀

【語句解釋】

- 緝熙敬止(집희경지) : 경경의 뜻을 계속하여 밝히는 것.
- 大學(대학) : 논어(論語)·맹자(孟子)·중용(中庸)과 함께 사서(四書)의 하나.
- 欽體(흠체) : 공경하여 본받는 것.
- 欽遵(흠준) : 공경하여 좇는 것.

【對譯】

아! 어버이에게 효도하고 나서 임금에게 충성하고, 형에게 공손하고 나서 어른을 공경하니, 이것을 가지고 본다면 오륜 가운데 효제가 제일이다.

그러나 <시경>에서 문왕을 칭송하여 말하기를, "아아! 공경의 덕을 밝히셨네."라고 했다. 공경이란, 일의 시작과 끝맺음을 바로 하고, 위와 아래를 이어주게 하는 공부인 까닭에 <대학>의 요지는 곧 경(敬)이란 한 글자로, <중용>의 요지는 곧 성(誠)이란 한 글자로 통한다.

성·경은 또한 학문에 있어서 수레의 두 바퀴, 새의 두 날개의 역할을 하는 것이다. 내 이제 이 책의 첫 편에서 성·경, 두 글자를 강조한다. 마음을 정성스럽게 한 후에야 책은 책대로, 나는 나대로 되는 것을 벗어날 수 있고, 공경히 한 후에야 가르침을 본받고 따를 수 있는 것이니, 배움에 있어 어찌 가벼이 할 수 있겠는가.

【大意】

유교의 경전인 〈대학〉의 요지가 일을 성실히 하는 데 있고, 〈중용〉의 요지가 마음을 공경히 하는 데 있음을 들어서, 성실(誠實)과 공경(恭敬)을 신조로 하여 살아가야 한다는 것을 말한 것이다.

여우어권하국초개창수호조선지문
予又於券下國初開創受號朝鮮之文에

개연추모　　삼부흥감야
慨然追慕하며　三復興感也로다.

희　계계승승　　중희누흡
噫라　繼繼承承하사　重熙累洽의

식시지인성덕　심은융혜
寔是至仁盛德　沈恩隆惠가

수유후곤지치　　계체지군
垂裕後昆之致니　繼體之君은

식체지덕　　긍긍업업
式體之德하여　兢兢業業하며

식체지덕　　지우탕탕
式體之德하여　至于蕩蕩하며

성심애민　　영보원원
誠心愛民하여　永保元元하면

즉오국기서기야　　오국
則吾國其庶幾也며　吾國인

기서기야　　차아동예의
其庶幾也인지.　且我東禮義가

수인기성지교　　삼한이후
雖因箕聖之敎나　三韓以後에

기호민언　　입우아조
幾乎泯焉이라.　入于我朝하며

예의필거　　문물　　함비　　석호
禮義畢擧하고　文物이　咸備어늘　惜乎라

術者之猶遺乎此哉여. 嗟爾小子야
益加勉旃也夫인저.
旹玄黓閹茂朝月上浣에
命藝館而廣印하고
作序文於卷首하노라.

【音訓讀】

- 慨…슬플 개
- 纍…여럿 누
- 箕…키 기
- 旃…말그칠 전
- 黓…검을 익
- 摹…사모할 모
- 洽…젖을 흡
- 泯…사라질 민
- 旹…시(時)의 옛 글자
- 浣…씻을 완
- 承…이을 승
- 寔…진실로 식
- 嗟…탄식할 차

【語句解釋】

- 垂裕後昆之致(수유후곤지치) : 후손에게 넉넉히 전해 주어서 이루어지는 것.
- 元元(원원) : 백성.
- 玄黓(현익) : 10간(干) 중의 임(壬).
- 閹茂(엄무) : 12지(支) 중의 술(戌).
- 朝月(조월) : 정월(正月).
- 上浣(상완) : 상순(上旬)＝상한(上澣)

 • 藝館(예관) : 교서관(校書館)의 다른 이름. 조선시대 도서(圖書)의 간행을 맡아보던 관청.

【對譯】

나는 또 이 책 맨 마지막에 나오는, 나라를 처음 세우고서 조선이라는 국호를 받았다는 부분에 이르러서, 개연히 추모하여 감탄의 말이 입에서 절로 나옴을 금치 못했다.

아아! 왕업을 대대로 이어받아서 문물이 빛나고 정치가 밝았던 것은 참으로 지극하신 인덕과 융숭한 은혜가 후손에게 미친 까닭이다. 앞으로 왕업을 이어받는 임금들도 이 지극한 인덕을 본받아서 삼가고 경계하여 성심으로 정사를 보살펴 나라를 잘 다스리고, 백성을 아끼며 영원히 보전한다면, 우리나라도 그 앞날을 크게 기대할 수 있을 것이다.

또한 우리나라의 예의가 비록 기성(箕聖)의 가르침에서 나왔다지만, 삼한(三韓) 이후로는 거의 없어지고 말았다. 우리 조선에 들어와서 예의가 밝아지고 문물이 모두 갖추어졌건만 안타깝게도 이 책을 지은이가 이것을 빠뜨리고 써넣지 않았다.

아아! 어린이들이여, 더욱 힘쓸지어다. 임술년 정월 상한(上澣)에 명하여 이 책을 널리 간행하도록 하고, 책 첫머리에 서문을 쓴다.

【大意】

과거 우리나라 사람들은 조선시대로 들어오면서 유학(儒學)을 숭상하여 예악문물(禮樂文物)이 갖추어진 것으로 생각했다.

　　그것은 삼한시대(三韓時代)에 이미 사라져 없어졌다. 그런데도 동몽선습의 우리나라 역사를 서술한 대목에는 기자(箕子)의 가르침을 말했을 뿐, 조선의 일을 지은이의 실수로 논하지 않은 것을 안타깝게 여기고 있다.

2. 동몽선습(童蒙先習)

천 지 지 간 만 물 지 중　유 위
天地之間萬物之衆에　惟人이

최 고　　소 귀 호 인 자
最貴하니　所貴乎人者는

이 기 유 오 륜 야　　시 고
以其有五倫也라.　是故로

맹 자 왈　부 자 유 친　　군 신 유 의
孟子曰　父子有親하며　君臣有義하며

부 부 유 별　　장 유 유 서
夫婦有別하며　長幼有序하며

붕 우 유 신
朋友有信이라 하시니

인 이 부 지 유 오 상
人而不知有五常하면

즉 기 위 금 수 불 원 의
則其違禽獸不遠矣니라.

연 즉 부 자 자 효　　군 의 신 충
然則父慈子孝하며　君義臣忠하며

부 화 부 순　　형 우 제 공
夫和婦順하며　兄友弟恭하며

붕 우 보 인 연 후　　방 가 위 지 인 의
朋友輔仁然後에야　方可謂之人矣니라.

【音訓讀】

- 衆 … 무리 중
- 常 … 항상 상
- 補 … 도울 보

【語句解釋】

- 五倫(오륜) : 사람이 지켜야 할 다섯 가지 윤리(倫理).
- 孟子(맹자) : 기원전 372~289년 사람으로, 사람의 성품은 본디 선(善)하다는 성선설(性善設)을 주장한 성인(聖人)이다.
- 五常(오상) : 영구 불변의 인간의 바른 도리를 말한다. 오륜과 같은 뜻이다.

【對譯】

하늘과 땅 사이에 있는 만물의 무리에서 오직 사람만이 가장 귀하니 사람이 귀한 까닭은 오륜이 있기 때문이다.

이런 까닭에 맹자가 말하기를, "아버지와 자식 사이에는 친함이 있고, 임금과 신하 사이에는 의리가 있고, 남편과 아내 사이에는 분별이 있고, 어른과 어린이 사이에는 차례가 있고, 벗과 벗 사이에는 믿음이 있다.” 했으니, 사람이 이 다섯 가지 도리가 있음을 알지 못한다면 금수와 다름이 없다.

그러므로 아버지는 자애롭고 자식은 효도하며, 임금은 의롭고 신하는 충성되며, 남편은 온화하고 아내는 유순하며, 형은 우애롭고 아우는 공순하며, 벗 사이에는 인으로 서로 도운 연후에야 바야흐로 사람이라 할 수 있다.

大意

사람에게 오륜이 있음을 가지고 다른 동물에 비하여 귀하다는 것이다.

예로부터 우리나라는 유교 사상에 바탕을 둔 윤리관을 가지고 있었으며, 이것이 잘 지켜지는 곳에 실로 이상사회가 건설된다고 믿고 있었다.

3. 부자유친(夫子有親)

父子는 天性之親이라. 生而育之하고

愛而敎之奉而承之하고

孝而養之하나니 是故로

敎之以義方하여 弗納於邪하며

柔聲以諫하여

不使得罪於鄉黨州閭니라.

苟或父而不子其子하며

子而不父其父면 其何以立於世乎아.

雖然이나 天下에 無不是底父母라

父雖不慈나 子不可以不孝니 昔者에

大舜이 父頑母嚚하되

嘗欲殺舜이어늘 舜이

극 해 이 효　　증 증 예 불 격 간
克諧以孝하여 烝烝乂不格姦하니

효 자 지 도　어 사　지 의
孝子之道가 於斯에 至矣라.

공 자 왈　오 형 지 속　삼 천
孔子曰 五刑之屬이 三千이로되

이 죄　막 대 어 불 효
而罪가 莫大於不孝니라.

【音訓讀】

- 閭 … 마을 려
- 嚚 … 어리석을 은
- 烝 … 찔 증
- 乂 … 다스릴 예
- 屬 … 속할 속

【語句解釋】

- 柔聲以諫(유성이간) : 유성(柔聲)은 부드러운 목소리를 뜻하며, 간(諫)은 아랫사람이 윗사람의 허물을 다시 하지 말도록 권하는 것이다.
- 不是底(불시저) : 불시(不是)는 옳지 않다는 뜻이며, 저(底)는 어조사.
- 烝烝(증증) : 끊임없는 모양을 말한다.

【對譯】 부모와 자식사이에는 친애함이 있다.

부모와 자식 사이의 그 친애함은 타고난 성품이니, 부모는 자식을 낳아서 기르고 사랑하여 가르치며, 자식은 부모의 뜻을 받들어서 순종하고 효도하여 봉양한다.

그러므로 부모는 자식을 바른 도리로써 가르쳐서 나쁜

길로 들어서지 못하게 하며, 자식은 부드러운 말로 부모의 잘못을 간(諫)하여서 고을과 마을에서 죄를 짓는 일이 없게 하여야 한다.

만일에 부모로서 그 자식을 자식으로 대하지 않고, 자식이 그 부모를 부모로 받들지 않는다면, 무슨 낯으로 세상에 설 수 있겠는가.

그러나 천하에는 옳지 않은 부모는 없으니, 부모가 비록 자애롭지 못하더라도 자식은 효도하지 않으면 안 된다.

옛날에 순(舜)의 아버지는 완고하고 어머니는 모질어서 항상 순을 죽이려 했으나, 순이 효도를 다하여 그 마음을 화락하게 하며, 점점 선의 길로 이끌어 간악한 데 이르지 않게 하였으니, 효자의 도리가 지극한 데 이른 것이다.

공자가 말하기를 "오형에 속하는 죄가 삼천 가지이지만, 그 죄가 불효보다도 더 큰 것은 없다."고 했다.

【大意】

자식은 부모의 뜻에 순종하고 부모의 몸과 마음을 안락하게 해드리며, 부모의 잘못을 간하여서 처세에 허물이 없도록 하는 것이 부모와 자식 사이의 바른 도리이다.

부자유친(父子有親)이 오륜(五倫)의 으뜸이 되며, 효도가 모든 행실의 근본이 된다는 것을 명심(銘心)해야 한다.

4. 군신유의(君臣有義)

君臣은 天地之分이라. 尊且貴焉하며

卑且賤焉하니 尊貴之使卑賤과

卑賤之事尊貴는 天地之常經이며

古今之通義라. 是故로 君者는

體元而發號施令者也도 臣者는

調元而陣善閉邪者也라. 會遇之際에

各盡其道하여 同寅協恭하여

以臻至治하나니

苟或君而不能盡君道하며

臣而不能修臣職이면

不可與共治天下國家也라. 雖然이나

五君不能을 謂之賊이니

昔者_{석자}에 商紂_{상주}가 暴虐_{포학}이어늘
比干_{비간}이 諫而死_{간이사}하니 忠臣之節_{충신지절}이
於斯_{어사}에 盡矣_{진의}라.
孔子曰_{공자왈} 臣事君以忠_{신사군이충}이라.

【音訓讀】

- 焉 … 어조사 언
- 卑 … 낮을 비
- 使 … 부릴 사
- 經 … 글 경
- 陣 … 펼 진
- 遇 … 만날 우
- 臻 … 이를 진
- 暴 … 사나울 폭
- 虐 … 학대할 학

【語句解釋】

- 常經(상경) : 영구 불변의 진리.
- 體元(체원) : 하늘의 섭리.
- 至治(지치) : 지극히 착한 정치.
- 商紂(상주) : 상나라의 주왕. 상(商)나라는 은(殷)나라 초기의 이름.
- 比干(비간) : 주왕의 숙부. 기자(箕子)·미자(微子)와 함께 은나라의 세 어진이[三仁]로 일컬어지고 있다.

【對譯】 임금과 신하 사이에는 신의가 있다.

임금과 신하는 하늘과 땅의 분수와 같은 것이다. 임금은 높고 귀하며, 신하는 낮고 천하다. 높고 귀한 임금이 낮고 천한 신하를 부리는 것과 낮고 천한 신하가 높고 귀한 임

금을 섬기는 것은 천지 자연의 떳떳한 도리이며, 고금에 공통되는 의리이다.

그러므로 임금은 하늘의 섭리를 본받아 명령을 내리는 사람이고, 신하는 임금의 그 큰 사업을 도와 임금에게 선을 권하여서 사악한 마음의 싹틈을 막는 사람이다. 임금과 신하가 만났을 때는 각각 그 도리를 다하고 서로 협력하여서 지치(至治)에 이르게 하여야 한다.

만약 임금으로서 임금의 도리를 다하지 못하고, 신하로서 신하의 직책을 완수하지 못한다면 함께 더불어서 천하와 국가를 다스릴 수 없다. 그러나 "우리 임금은 능하지 못하다."고 말하는 자는 일러 도적이라 한다.

옛날의 상(商) 나라의 주왕(紂王)이 포학했는데, 비간(比

干)이 간(諫)하다가 죽었으니, 충신의 절개가 이에서 다했다.

공자가 말하기를 "신하는 충성으로 임금을 섬겨야 한다."고 했다.

【大意】

옛날에는 임금을 하늘에 비유하고 신하는 땅에 비유하여, 임금은 신하를 통솔하여서 나라를 다스리고, 신하는 그 임금을 도와 나라가 잘 다스려지도록 하는 것이 도리라고 생각했다.

윗사람은 아랫사람을 사랑하여 바른 길로 이끌고, 아랫사람은 윗사람을 존경하고 그 지시에 복종하여 직무에 충실하는 상하주종의 윤리가 강조된다.

5. 부부유별(夫婦有別)

부부 이 성 지 합 생 민 지 시
夫婦는 二姓之合이라. 生民之始며

만 복 지 원 행 매 의 혼
萬福之原이니 行媒議婚하며

납 폐 친 영 자 후 기 별 야 시 고
納幣親迎者는 厚其別也라. 是故로

취 처 불 취 동 성 위 궁 실
娶妻하되 不娶同姓하며 爲宮室하되

변 내 외 남 자 거 외 이 불 언 내
辨內外하여 男子는 居外而不言內하고

부 인 거 내 이 불 언 외
婦人은 居內而不言外이니라.

구 능 장 이 리 지 이 체 건 건 지 도
苟能莊以涖之하여 以體乾健之道하고

유 이 정 지 이 승 곤 순 지 의
柔以正之하여 以承坤順之義이면

즉 가 도 정 의 반 시
則家道正矣어니와 反是하여

이 부 불 능 전 제 어 지 불 이 기 도
而夫不能專制하여 御之不以其道하고

부 승 기 부 사 지 불 이 기 의
婦乘其夫하여 事之不以其義하며

매 삼 종 지 도 유 칠 거 지 악
昧三從之道하고 有七去之惡하면

則家道索矣니라. 須是夫敬其身하여

以帥其婦하고 婦敬其身하여

以承其夫하며 內外和順하여야

父母가 其安樂之矣리라.

昔者에 郤缺이 耨어늘 其妻가 饁之하되

敬하여 相待如賓하니 夫婦之道는

當如是也라.

子思曰 君子之道는

造端乎夫婦라 하시니라.

【音訓讀】

- 媒 … 중매 매
- 娶 … 장가들 취
- 昧 … 어두울 매
- 耨 … 김맬 누
- 幣 … 폐백 폐
- 涖 … 임할 리
- 帥 … 거늘릴 솔, 장수 수
- 饁 … 들밥 엽
- 帛 … 폐백 백
- 坤 … 땅 곤

【語句解釋】

- 行媒(행매) : 중매쟁이를 보내는 것.

- 納幣(납폐) : 신랑집에서 신부집으로 예물을 보내는 것.
- 親迎(친영) : 혼례를 치르고 신부를 맞이하는 것.
- 莊以涖之(장이리지) : 장중한 태도로써 아내를 대하는 것.
- 專制(전제) : 바른 도리로 지배하는 것.
- 郤缺(극결) : 춘추시대의 진(晉)나라 사람. 정승이 되어서 이름을 후세에 남겼다.
- 子思(자사) : 공자의 손자이며, 맹자(孟子)를 가르쳤다.

【對譯】 부부 사이에는 분별이 있다.

부부는 두 성의 결합이니, 백성을 태어나게 하는 시초이고, 만복의 근원이다. 중매를 통하여 혼인을 의논하며 폐백(幣帛)을 드리고 친히 맞이하는 절차는 그 분별을 두텁게 하려는 것이다.

그러므로 아내를 맞이하되 같은 성을 맞이하지 않고, 집을 짓되 안과 밖을 구별하여, 남편은 밖에 거처하면서 안의 일을 말하지 않고, 부인은 안에 거처하면서 밖의 일을 말하지 않는다. 진실로 남편은 씩씩한 태도로 뒤에서 임하여서 하늘의 건전한 도리를 본받고, 아내는 유순한 태도로써 몸가짐을 바르게 하여서 땅의 순종하는 의리에 잘 따른다면 가정의 질서가 바로잡히는 것이다.

이에 반하여 남편은 전제하지 못하여 거느리기 바른 도리로써 하지 못하고, 아내는 그 남편의 잘못에 편승하여 남편 섬기기를 의리로써 하지 않으며, 삼종(三從)의 도리에 어둡고 칠거(七去)의 악이 있다면, 가도가 흩어져 어지러워진다.

　모름지기 남편은 몸가짐을 삼가서 그 아내를 거느리고, 아내도 몸가짐을 삼가서 그 남편을 받들어서 안과 밖이 화평하고 유순해야만 부모의 마음이 편안하고 즐거워진다.

　옛날에 극결이 밭에 나가서 김맬 때 그의 아내가 점심밥 대접하기를 공경히 하여 서로 손님을 대하듯이 했는데, 부부의 도리는 마땅히 이와 같아야 한다.

　자사가 말하기를 "군자의 도리는 부부에서 비롯된다."고 했다.

【大意】

　하늘은 양(陽)으로써 강건(剛健)을 덕으로 하여 그 운행을 멈추지 않고, 땅은 음(陰)으로써 유순(柔順)을 덕으로 하여 하늘의 운행에 따라 만물을 낳고 기른다고 생각했다.

　동시에 남자를 하늘로 견주고 여자를 땅에 견주었다.

　여기에서 남편과 아내가 분별이 있게 된다. 남편은 화평하고 아내는 유순하여 서로 상대방 의사를 존중하고 협력한다면, 그 가정은 즐겁고 번영을 누리게 된다.

6. 장유유서(長幼有序)

長幼_는 天倫之序_{라.} 兄之所以爲兄_과

弟之所以爲第_는 長幼之道_의

所自出也_{라.}

盖宗族鄕黨_에 皆有長幼_{하니}

不可紊也_{라.}

徐行後長者_를 謂之弟_요

疾行先長者_를

謂之不弟_니 是故_로 年長以倍_면

則父事之_{하고}

十年以長_{이면} 則兄事之_{하며}

五年以長_{이면} 則肩隨之_{니라.}

長慈幼_{하며} 幼敬長然後_{에야}

^{무 모 소 릉 장 지 폐} ^{이 인 도 정 의}
無侮少陵長之弊하여 而人道正矣니라.

^{이 황 형 제} ^{동 기 지 인}
而況兄弟는 同氣之人이며

^{골 육 지 친}
骨肉至親이라.

^{우 당 우 애} ^{불 가 장 노 숙 원}
尤當友愛요 不可藏怒宿怨하여

^{이 패 천 상 야} ^{석 자} ^{사 마 광}
以敗天常也니라. 昔者에 司馬光이

^{여 기 형 백 강} ^{우 애 우 독}
與其兄伯康과 友愛尤篤하여

^{경 지 여 엄 부} ^{보 지 여 영 아}
敬之如嚴父하고 保之如嬰兒하니

^{형 제 지 도} ^{당 여 시 야}
兄弟之道가 當如是也니라.

^{맹 자 왈} ^{해 제 자 동}
孟子曰 孩提之童이

^{무 부 지 애 기 친} ^{급 기 장 야}
無不知愛其親이며 及其長也에

^{무 부 지 경 기 형 야}
無不知敬其兄也라 하시니라.

【音訓讀】

• 盖 … 덮을 개   • 紊 … 어지러울 문 • 肩 … 어깨 견

• 侮 … 업신여길 모 • 幣 … 폐단 폐   • 況 … 하물며 황

• 尤…더욱 우   • 嬰…어릴 영   • 孩…아이 해

【語句解釋】

• 肩隨之(견수지) : 어깨를 나란히 하여 따라감.
• 藏怒(장노) : 노여움을 마음속에 간직하는 것.
• 司馬光(사마광) : 송(宋)나라 사람으로 정치가이며 **학**
  자다.
• 伯康(백강) : 사마광의 형 사마단(司馬旦)의 자(字). 사
  마광 형제의 우애는 후일에 소학(小學) 선행편(善行篇)
  에 나온다.
• 孩提之童(해제지동) : 손을 잡고 데리고 다닐 수 있는
  정도의 어린아이.

【對譯】 어른과 어린 사람 사이에는 차례가 있다.

어른과 어린 사람은 차례가 있다. 어른과 어린이는 천륜의 차례다. 형이 형되는 까닭과 아우가 아우되는 까닭에서 어른과 어린이 사이의 도리가 비롯된다.

대개 종족과 향당에는 모두 어른과 어린이가 있으니 문란하게 해서는 안 된다. 천천히 걸어서 어른의 뒤에 가는 것을 공손하다 이르고, 빨리 걸어서 어른을 앞질러 가는 것을 공손하지 않다고 이른다. 그러므로 나이가 나보다도 갑절이나 많으면 어버이로 섬기고, 10년이 많으면 형님으로 섬기며, 5년이 많으면 어깨를 나란히 하여 따라간다. 어른은 어린이를 사랑하고 어린이는 어른을 공경한 후에야, 어린이를 업신여기고 어른을 능멸하는 폐단이 없어져서 사람의 도리가 바르게 서게 된다.

하물며 형제는 같은 기운을 타고난 사람이며, 뼈와 살을 나눈 지극히 가까운 친족이니 더욱 마땅히 우애하여야 하며, 노여움을 마음속에 두고 원망하는 뜻을 품어서 천륜의 도리를 무너뜨려서는 안 된다.

옛날에 사마광은 그 형 백강과 더불어 우애가 매우 도타워서 형을 공경하기를 엄한 아버지같이 하고, 아우를 보호하기를 어린아이같이 했는데, 형제의 도리는 마땅히 이렇게 해야 하는 것이다.

맹자는 말하기를, "어른의 손에 끌려 다니는 어린아이도 그 어버이를 공경할 줄 모르는 자는 없으며, 그 어린아이가 자라서도 그 형을 공경할 줄 모르는 자는 없다."고 했다.

【大意】

　형은 먼저 나고 아우는 뒤에 났으니, 아우는 형을 공경하고 형은 아우를 사랑함은 동서고금이 마찬가지이다.

　어른은 어린이를 사랑하고 어린이는 어른을 공경하여서, 어른과 어린이가 질서를 지켜야만 사회가 밝아진다. 형과 아우 사이의 우애는 더 말할 것도 없다.

7. 붕우유신(朋友有信)

朋^붕友^우는 同^동類^류之^지人^인이라. 益^익者^자가 三^삼友^우요
損^손者^자가 三^삼友^우니 友^우直^직하며 友^우諒^량하며
友^우多^다聞^문이면 益^익矣^의요
友^우便^편辟^벽하며 友^우善^선柔^유하며
友^우便^편佞^녕이면 損^손矣^의니라. 友^우也^야者^자는
友^우其^기德^덕也^야라. 自^자天^천子^자로 至^지於^어庶^서人^인이
未^미有^유不^불順^순友^우以^이成^성者^자니
其^기分^분이 若^약疎^소而^이所^소關^관이 爲^위至^지親^친이라.
是^시故^고로 取^취友^우를 必^필端^단人^인하며
擇^택友^우를 必^필勝^승己^기니
要^요當^당責^책善^선以^이信^신하며 切^절切^절偲^시偲^시하여
忠^충告^고而^이善^선道^도之^지하다가

不可則止니라. 苟惑交遊之際에
不以切磋琢磨로 爲相與하고
但以歡狎戲謔으로 爲相親이면
則安能久而不疎乎리오.
昔者에 晏子가 與人交하되
久而敬之하니 朋友之道는
當如是也라. 孔子曰 不信乎朋友면
不獲乎上矣리라. 信乎朋友有道하니
不順乎親이면 不信乎朋友矣라 하니라.

【音訓讀】

- 辟 … 편벽될 벽
- 佞 … 아첨할 녕
- 勝 … 이길 승
- 偲 … 살피고 힘쓸 시
- 磋 … 갈 차
- 琢 … 쫄 탁
- 歡 … 기쁠 환
- 狎 … 친압할 압
- 戲 … 희롱할 희
- 謔 … 해학 학
- 晏 … 늦을 안
- 獲 … 거둘 획

【語句解釋】

- 便佞(편녕) : 아첨하는 것.
- 切切偲偲(절절시시) : 간절히 권고하고 격려하는 것.
- 切磋琢磨(절차탁마) : 학문을 배우고 닦는 것.
- 歡押(환압) : 장난을 지나치게 하는 것.
- 戲謔(희학) : 희롱하고 놀리는 것.
- 不獲乎上(불획호상) : 윗사람의 신임을 얻지 못한다는 뜻.

【對譯】 벗과 벗 사이에는 믿음이 있다.

벗의 도리는 믿음에 있다.

벗은 같은 무리의 사람이다. 유익한 벗이 셋이요 해로운 벗이 셋이니, 즉 곧고 믿음이 있고 견문이 많은 벗은 이롭고, 편벽되고 유약하고 아첨하는 벗은 해롭다.

벗이란 그 덕을 벗하는 것이다. 천자에서부터 서민에 이르기까지 벗으로 인하여 그 덕을 성취하지 않음이 없다. 그 정분이 다소 성긴 것 같지만, 그 관계되는 바가 지극히 친밀한 것이다.

이런 까닭에 벗을 취함은 반드시 단정한 사람으로 하여야 하며, 벗을 택함은 반듯시 나보다 나은 자로 하여야 한다.

요컨대 마땅히 선을 권장하되 믿음으로써 하며, 허물이 있으면 간절하게 타일러서 선의 길로 인도하다가 할 수 없어야 그만두는 것이다. 만약 사귀어 놀 때 절차탁마하는 도리로써 서로 함께하지 아니하고, 다만 장난하고 농담하는 일을 가지고 서로 친하다면 어찌 오래도록 그 정분이 소원해지지 않을 수 있으랴.

옛날에 안자(晏子)는 남과 사귐에 있어서 오래도록 서로 공경하였는데, 벗 사이의 도리는 마땅히 이러해야 한다.

공자가 말하기를, "벗에게 믿음이 없으면 윗사람에게도 신임을 얻지 못하리라. 벗에게 믿음을 얻는 도리가 있으니, 어버이의 뜻에 순종하지 않는다면 벗에게도 믿음을 얻지 못하리라." 하였다.

【大意】

벗 사이에는 서로 선을 권장하여서 함께 선의 길로 가는 것으로써 벗 사이의 도리로 삼았다. 벗 사이에 지나친 장난이나 농지거리는 천박한 태도이므로, 항상 상대방을 공경하는 예의를 잃지 않아야 한다.

이것이 벗의 길을 온전히 하는 것이다. 정신적인 사귐만이 참 벗이지, 이해에 따라 태도를 변하는 사람은 벗이 될 수 없다.

8. 총론(總論)

차 오 품 자　　천 서 지 전
此五品者는　天叙之典이니

이 인 리 지 소 고 유 자　　인 지 행
而人理之所固有者라. 人之行이

불 외 호 오 자 이 유 효 위 백 행 지 원
不外乎五者而唯孝爲百行之源이라.

시 이　　효 자 지 사 친 야　　계 초 명
是以로　孝子之事親也는　鷄初鳴이면

함 관 수　　적 부 모 지 소
咸盥漱하고　適父母之所하여

하 기 이 성　　문 의 욱 한
下氣怡聲하여　問衣燠寒하며

문 하 식 음　　동 온 이 하 청
問何食飮하며　冬溫而夏淸하며

혼 정 이 신 성　　출 필 고
昏定而晨省하여　出必告하며

반 필 면　　불 원 유
反必面하며　不遠遊하며

유 필 유 방　　불 감 유 기 신
遊必有方하며　不敢有其身하며

불 감 사 기 재　　부 모 애 지
不敢私其財니라. 父母愛之어시든

희 이 불 망　　악 지　　구 이 무 원
喜而不忘하며　惡之어시든　懼而無怨하며

有過어시든 諫而不逆하며

三諫而不聽이어시든 則號泣而隨之하되

怒而撻之流血이라도 不敢疾怨이니라.

居則致其敬하고 養則致其樂하며

病則致其憂하며 喪則致其哀하며

祭則致其嚴이니라.

【音訓讀】

- 叙 … 베풀 서
- 怡 … 기쁠 이
- 晨 … 새벽 신
- 逆 … 거스릴 역
- 盥 … 세수할 관
- 燠 … 따뜻할 욱
- 省 … 살필 성
- 撻 … 종아리칠 달
- 漱 … 양치할 수
- 昏 … 어두울 혼
- 懼 … 두려울 구
- 喪 … 잃을 상

【語句解譯】

- 百行(백행) : 모든 행실.
- 事親(사친) : 어버이를 섬김.
- 下氣(하기) : 숨을 죽이는 것.
- 昏定(혼정) : 밤에 부모의 잠자리를 마련해 드리는 것.
- 晨省(신성) : 아침 일찍 부모에게 문안드리는 것.
- 遊必有方(유필유방) : 밖에 다닐 때는 반드시 그 가는 곳을 알리는 것.
- 불감유기신(不敢有其身) : 제 몸을 제 마음대로 하지 못하는 것.
- 不敢私其財(불감사기재) : 자기가 모은 재산이라도 자기의 것으로 하지 못하고 부모에게 돌리는 것.

【對譯】 총론

　이 다섯 가지 윤리는 하늘이 베푼 법칙이요, 사람의 도리로써 원래부터 가지고 있는 것이다. 사람의 행실은 이 다섯 가지에서 벗어나지 않으나, 오직 효도가 모든 행실의 근원이 된다.

　이런 까닭에 효자가 어버이 섬김에 있어서는 닭이 처음 울면, 세수하고 양치질하고 부모의 처소에 나아가 심

기(心氣)를 가라앉혀 부드러운 목소리로 입으신 옷이 추운가 더운가를 묻고, 무슨 음식을 잡숫고자 하는가를 여쭈어 보며, 겨울에는 따뜻하게 해드리고 여름에는 서늘하게 해드린다. 밤에는 잠자리를 보살펴 드리고 아침에는 문안드리며, 밖에 나갈 때는 반드시 가는 곳을 알리고, 밖에서 돌아오면 반드시 뵙는다. 멀리 다니지 않고, 다니면 반드시 방향을 알리며, 감히 그 몸을 마음대로 가지지 못하고, 감히 그 재물을 사사로이 차지하지 못한다.

부모가 사랑하시면 기뻐하여 잊지 못하고, 미워하시면 두려워할 뿐 원망하지 않는다. 부모가 허물이 있으면 간(諫)하되 뜻을 거스르지 않고, 세 번 간하여도 듣지 않으시면 울부짖으면서 따르되, 부모가 노하여 때려서 피가 흘러도 감히 원망하지 않는다.

부모가 계시면 그 공경함을 극진히 하고, 봉양할 때는 그 즐거움을 극진히 하며, 병드시면 근심을 다하고, 돌아가시면 슬픔을 다하며, 제사를 모심에는 엄숙함을 다한다.

【大意】

효도가 모든 행실의 근본이 된다.

아침 저녁으로 부모가 계신 곳에 가서 문안드리고, 부모가 잡수시고 싶어하는 음식을 만들어 드리고, 여름에는 거처를 서늘하게 해드리고 겨울에는 따뜻하게 해드려야 한다.

若夫人子之不孝也는 不愛其親하고

而愛他人하며 不敬其親하고

而敬他人하며 惰其四肢하여

不顧父母之養하며 博奕好飮酒하여

不顧父母之養하며 好貨財私妻子하여

不顧父母之養하며 從耳目之好하여

以爲父母戮하며 好勇鬪狠하여

以危父母라.

噫라 欲觀其人의 行之善不善이면

必善觀其人之孝不孝니 可不愼哉며

可不懼哉아 苟能孝於其親이면

則推之於君臣也와 夫婦也와

長幼也와 朋友也에

何往而不可哉리오.

然則孝之於人에 大矣로되

而亦非高遠難行之事也니라. 然이나

自非生知者면 必資學問而知之니

學問之道는 無他라.

將欲通古今達事理하며 存之於心하며

體之於身하니

可不勉其學問之力哉아.

玆用摭其歷代要義하며

書之于左하노라.

【音訓讀】

- 惰 … 게으를 타
- 肢 … 팔다리 지
- 顧 … 돌아볼 고
- 奕 … 바둑 혁
- 戮 … 죽일 륙
- 狼 … 사나울 한
- 將 … 장차 장
- 摭 … 주울 척

【語句解釋】

- 鬪狠(투한) : 사납게 싸우는 것.
- 可不懼哉(가불구재) : 어찌 두렵지 않으랴.
- 用撼(용척) : 간추림.

【對譯】

　무릇 사람의 자식으로서 불효하는 자는 그 아버이를 사랑하지 않고, 남을 사랑하며, 그 어버이를 공경하지 않고 남을 공경한다. 그 사지를 게을리 하여서 부모를 봉양하지 않으며, 도박을 하고 술 마시기를 좋아하여 부모 봉양을 제대로 하지 않으며, 재물을 좋아하고, 처자를 사랑하여 부모 봉양을 돌아보지 아니하며, 귀와 눈의 좋아함만 좇아서 부모를 욕되게 하며, 용맹을 좋아하여 사납게 싸워서 부모를 위태롭게 하는 것이다.

　아아! 그 사람의 행실이 선하고 선하지 않음을 보려 한다면, 반드시 먼저 그 사람의 효도하고 효도하지 않음을 볼 것이니, 가히 삼가지 않으며 두려워하지 않으랴.

진실로 능히 그 어버이에게 효도한다면 이를 미루어서 군신·부부·장유·붕우 사이에서도 어디를 가나 옳지 않으랴.

그렇다면 효도란 사람의 길에 있어서 참으로 큰 것이며, 그렇다고 또한 멀고도 높아서 행하기 어려운 일은 아니다. 그러나 진실로 나면서부터 아는 자가 아니면, 반드시 학문에 힘입어서 알아야 할 것이다. 학문의 길은 다름아니라, 마땅히 고금의 일에 통하고 사물의 이치에 통달하여서 이것을 마음에 간직하여 몸에 본받고자 하는 것이니, 어찌 학문에 힘쓰지 않으랴.

이제 그 역대의 중요한 것들을 간추려서 베풀며, 이를 다음에 적는다.

【大意】

내 부모는 사랑하지 않으면서 남의 부모를 사랑하며, 내 부모를 공경하지 않으면서 남의 부모를 공경하는 것은 더욱 불효가 된다.

부모를 사랑하는 것은 천성인데도 부모를 사랑하는 뜻이 없다면, 그 사람에게는 사랑을 찾아볼 수 없을 것이다.

사람은 마땅히 효도가 모든 행실의 근본이 된다는 것을 깊이 인식하고 힘써 행하여야 할 것이다.

蓋自太極肇判하여 陰陽始分으로

五行이 相生하여 先有理氣하니.

人物之生이 林林總總이라

於是에 聖人이 首出하여

繼天立極하니 天皇氏와 地皇氏와

人皇氏와 有巢氏와 燧人氏라.

是爲太古니 在書契以前이라.

不可考로다 伏羲氏는 始劃八卦하며

造書契하여 以代結繩之政하고

神農氏는 作耒耟하고

制醫藥하며 黃帝氏는 用干戈하고

作舟車하며 造曆算하고 制音律하니

是爲三皇이라. 至德之世라

無爲而治하다. 少昊와 顓頊과 帝嚳과
帝堯와 帝舜은 是爲五帝라.
皐夔稷契이 佐堯舜하여
而堯舜之治가 卓冠百王이라.
孔子定書에 斷自唐虞하니라.

【音訓讀】

- 巢 … 새집 소
- 繩 … 새끼 승
- 干 … 방패 간
- 昊 … 하늘 호
- 羲 … 사람이름 희
- 夔 … 외발짐승 기, 도깨비기, 조심할 기
- 稷 … 피 직
- 斷 … 끊을 단

- 燧 … 볼 수
- 耒 … 쟁기 뢰
- 戈 … 창 과
- 顓 … 별이름 전
- 嚳 … 사람이름 곡
- 佐 … 도울 좌
- 虞 … 나라이름 우, 근심할 우

- 畫 … 그을 획
- 耟 … 따비술 거
- 曆 … 책력 력
- 頊 … 사람이름 욱
- 皐 … 언덕 고
- 卓 … 높을 탁

【語句解釋】

- 陰陽(음양) : 천지 만물의 두 가지 기운.
- 五行(오행) : 만물을 살게 하는 다섯 가지 원소(元素).
  金, 木, 水, 火, 土의 다섯 가지 기운.
- 理氣(이기) : 중국 송(宋)나라의 유학자. 주돈이(周敦

頤)・정호(程顥)・주희(朱熹) 등에 의하여 이루어진 학설.

- 天皇氏(천황씨) : 중국 최초의 지도자로 전해짐. 토황(地皇)・인황(人皇)과 함께 삼황(三皇)으로 불렸다.
- 地皇氏(지황씨) : 천황씨 다음에 나온 지도자.
- 人皇氏(인황씨) : 지황씨 다음에 나온 지도자.
- 有巢氏(유소씨) : 중국 상고(上古)의 지도자. 나무를 얽어 집을 지어 거처하는 방법을 사람들에게 가르쳐서 존경받고 임금이 되었다고 한다.
- 燧人氏(수인씨) : 중국 상고의 지도자. 부싯돌로 불을 일으켜서 백성들에게 화식(火食)하는 방법을 가르쳤다고 한다.
- 伏羲氏(복희씨) : 중국 상고의 지도자. 가축을 길러 음식하는 주방(廚房)에서 쓰게 했으니, 포희(庖羲)라고 불리기도 한다. 비로소 팔괘(八卦)를 그리고 서계(書契)를 만들었다. 수인(燧人)・신농(神農)과 함께 삼황(三皇)으로 불리기도 한다. 또 신농・황제(皇帝)와 함

께 삼황(三皇)으로 불리기도 한다.

• 書契(서계) : 중국 상고의 글자. 주역(周易) 46괘의 기본이 되는 건(乾 : ☰), 태(兌 : ☱), 이(離 : ☲), 진(震 : ☳), 손(巽 : ☴), 감(坎 : ☵), 간(艮 : ☶), 곤(坤 : ☷)의 여덟 가지 괘를 말한다.

• 結繩(결승) : 옛날 중국의 문자가 없던 시절에 새끼로써 여러 가지 모양의 매듭을 맺어 부호(符號)로 한 것.

• 神農氏(신농씨) : 중국의 상고의 지도자. 농기구를 만들어서 백성들에게 농사를 가르쳤고, 의약(醫藥)을 만들어서 병을 고쳤다. 성은 강(姜)씨이며 오행 중의 화덕(火德)으로 왕이 되었다고 하여 염제(炎帝)라 한다.

• 皇帝氏(황제씨) : 중국 상고의 지도자. 오행 중의 토덕(土德)으로 왕이 되었다고 하여 황제(黃帝)로 이름했다. 무력으로 중국을 통일했으며 문자·역법(曆法)·음악 등을 제정하고 많은 문물(文物)을 진흥시켰다.

• 無爲(무위) : 정치나 교화사업의 인위적인 것을 하지 않으면서도 나라가 잘 다스려지는 것을 무위이치(無爲而治)라고 한다. 여기서는 이상사회(理想社會)를 건설하는 것을 말한다.

• 少昊(소호) : 중국 상고의 지도자. 황제(黃帝)의 아들.

• 顓頊(전욱) : 황제의 손자.

• 帝嚳(제곡) : 황제의 증손.

• 夔(기) : 순 임금의 신하. 음악을 맡아 다스렸다.

• 稷(직) : 요 임금 때 농사(農師)가 되어 농사일을 맡아 보았다.

【對譯】

　대부분 태극이 최초로 갈라져서 음양이 비로소 나뉘면서 오행(五行)이 상생(相生)하여 먼저 이기(理氣)가 있었으므로, 사람과 물건이 많이 생겨났다.

　여기서 성인이 맨 먼저 나와 하늘의 뜻을 이어받아 임금의 자리에 오르니 천황씨·지황씨·인황씨·유소씨·수인씨 등이다. 이때는 태고적으로 서계(書契)가 있기 이전이니 상고할 수 없다. 복희씨는 처음으로 팔괘(八卦)을 그리고 서계(書契)를 만들어서 결승(結繩)의 정치를 대신했으며, 신농씨는 농구(農具)를 만들고 의약을 만들었으며, 황제씨는 창과 방패를 사용하고, 배·수레·달력·셈하는 법 등을 만들고, 음률을 제정했으니 이들이 바로 삼황이다. 이때는 지덕의 세상이라, 무위(無爲)로 다스려졌다. 소호·전욱·제곡·제요·제순이 5제가 된다. 고(皐)·기(夔)·직(稷)·설(契)이 요·순을 도와서 요·순의 정치는 모든 왕 중에서 높이 뛰어났다. 공자가 서경(書經)을 정리할 때, 그 전의 것은 끊어 버리고 당(唐)·우(虞)로부터 시작했다.

【大意】

　우주의 본체인 태극에서 음양오행(陰陽五行)의 기운이 나와 천지 만물을 형성했음을 설명했다.

　삼황(三皇) 오제(五帝)의 시대는 중국문화의 태동기(胎動期)로써 여러 가지 발명이 있었는데, 그중에서도 복희씨가 그린 8괘(卦)는 음효(陰爻)와 양효(陽爻)를 가지고 우주의 원리를 설명하고 인간사의 길흉화복을 판단하여서 유학(儒學)의 바탕을 이루었다.

夏禹와 商湯과 周文王武王은
是爲三王이니 歷年이 或四百이요
或六百이며 或八百이라.
三代之隆은 後世莫及이며
而商之伊尹傅說과 周之周公召公은
皆賢臣也라. 周公이 制禮作樂하여
典章法度가 粲然極備하더니
及其衰也에 五覇가 樓諸侯하여
以匡王室 若齊桓公晉
文公宋襄公秦穆公楚莊王이
迭主夏盟하니 王靈이 不振하다.
孔子以天縱之聖으로
轍環天下하나 道不得行于世하여

删詩書하고 定禮樂하고 贊周易하며
修春秋하여 繼往聖開來學하시고
而傳其道者는 顏子曾子이니
事在論語라.
曾子之門人이 述大學하다.

【音訓讀】

- 湯 … 끓을 탕
- 傅 … 스승 부
- 召 … 부를 소
- 匡 … 바를 광
- 桓 … 씩씩할 환
- 迭 … 번갈아 질
- 隆 … 융성할 륭
- 說 … 기쁠 열, 말씀 설, 달랠 세
- 覇 … 으뜸 패
- 齊 … 가지런할 제
- 晉 … 나아갈 진
- 轍 … 바퀴자국 철
- 伊 … 저 이
- 摟 … 이끌 루
- 襄 … 높을 양
- 删 … 덜 산

【語句解釋】

- 禹(우) : 요·순을 도와 중국의 홍수를 다스린 공으로 왕에 올라서 하왕조(夏王朝)를 열었다.
- 湯(탕) : 하(夏)나라의 걸왕(桀王)이 무도하므로 이를 쳐서 추방하고 천하를 차지하여 상왕조(商王朝)를 열었다.
- 伊尹(이윤) : 은나라의 어진 재상(宰相)이다.

- 傅說(부열) : 은나라의 고종(高宗)의 재상.
- 召公(소공) : 무왕을 도와 은나라의 황금시대를 이루었다.
- 五霸(오패) : 중국 춘추시대에 있었던 다섯 패자(霸者)를 말한다.
- 齊桓公(제환공) : 오패의 으뜸가는 사람.
- 曾子(증자) : 공자의 제자로써 효행으로 이름 높았으며, 공자의 사상을 전술(傳述)하는 데 힘썼다.
- 論語(논어) : 공자와 그의 제자들과 문답한 일들을 모으고, 교훈이 되는 언행(言行)들을 기록한 책이다. 사서(四書)의 하나이다.

【對譯】

하(夏)나라의 우왕(禹王)과 상(商)나라의 탕왕(湯王)과 주(周)나라의 문왕(文王)·무왕(武王)은 삼왕(三王)이 된다. 왕조가 나라를 다스린 햇수가 혹은 400년, 혹은 600년, 혹은 800년이 된다.

　삼대의 융성(隆盛)은 후세의 나라들이 미칠 수 없는 것으로써 상나라의 이윤(伊尹)·부열(傅說)과 주나라의 주공(周公)·소공(召公)은 모두 어진 신하다.

　주공이 예법을 제정하고 음악을 지어서 전장(典章)과 법도가 찬연(燦然)히 잘 갖추어졌는데, 주나라가 쇠퇴(衰退)하자, 오패(五覇)가 제후(諸侯)를 이끌고 왕실을 바로잡으니, 제환공(齊桓公)·진문공(晉文公)·송양공(宋襄公)·진목공(秦穆公)·초장왕(楚莊王)이 번갈아가면서 하맹(夏盟)을 주도(主導)했으므로, 왕자(王者)의 위령(威靈)을 떨치지 못했다.

　공자는 하늘이 내보낸 성인으로, 천하를 두루 다녔으나 도(道)를 세상에 실행하지 못하게 되자, 시서(詩書)를 정리하고, 예악(禮樂)을 정하고, <주역>을 해설하고 <춘추>를 지어서 지난날의 성현(聖賢)을 계승하고, 후학(後學)의 길을 열어 주었다.

　그 도(道)를 전한 자는 안자(顏子)와 증자(曾子)인데, 그 일이 <논어>에 나와 있다. 증자의 문인(門人)이 <대학>을 지었다.

【大意】

　춘추시대 말기에 공자가 노(魯)나라에서 나와 혼란에 빠진 세상을 건지려고 제후를 순방했으나, 뜻을 얻지 못하고 고향으로 다시 돌아가 교육에 힘썼다.

　공자의 제자인 안연(顏淵)·증삼(曾參) 등은 공자의 도를 전하기에 힘썼는데, <논어>에 보면 이들이 공자의 언행(言行)을 기록한 말들이 많다.

列^열國^국은 則^즉日^왈魯^노와 日^왈衛^위와 日^왈晉^진과

日^왈鄭^정과 日^왈曹^조와 日^왈蔡^채와 日^왈燕^연 日^왈吳^오와

日^왈齊^제와 日^왈宋^송과 日^왈陳^진과 日^왈楚^초와 日^왈秦^진이니

干^간戈^과日^일尋^심하여 戰^전爭^쟁不^불息^식하다가

遂^수爲^위戰^전國^국하니 秦^진楚^초燕^연齊^제韓^한魏^위趙^조를

是^시謂^위七^칠雄^웅이라.

孔^공子^자之^지孫^손子^자思^사가 生^생斯^사時^시하여

作^작中^중庸^용하고 其^기門^문人^인之^지弟^제孟^맹軻^가가

陳^진王^왕道^도於^어齊^제梁^양이나

道^도又^우不^불行^행하니 作^작孟^맹子^자七^칠篇^편하다.

而^이異^이端^단이 縱^종橫^횡하고 功^공利^리之^지說^설

盛^성行^행하여 吾^오道^도不^부傳^전이니라. 及^급秦^진始^시皇^황이

吞^탄二^이週^주하고 滅^멸六^육國^국에 廢^폐封^봉建^건하고

爲郡縣하며 焚詩書하고 坑儒生하더니
二世而亡하다.

【音訓讀】

- 雄… 수컷 웅
- 軻… 수레 가
- 梁… 들보 양
- 呑… 삼킬 탄
- 滅… 멸할 멸
- 廢… 폐할 폐
- 封… 봉할 봉
- 焚… 불사를 분
- 坑… 구덩이 갱

【語句解釋】

- 孟子(맹자) : 맹자가 죽은 뒤에 그 제자가 맹자의 언행을 기록한 책. <대학> <중용> <논어>와 함께 사서(四書)의 하나.
- 異端(이단) : 사도(邪道) 또는 사교(邪敎). 정당한 것이 아니다.
- 秦始皇(진시황) : 중국을 통일하고 비로소 황제라 칭하였다. 황제가 자신을 가리켜 짐(朕)이라고 하는 것은 이때부터 시작되었다. 백성을 수탈(收奪)하고 법이 가혹했으며, 유교의 경전(經典)을 모두 거두어서 불태우고, 선비들을 구덩이에 묻어 죽이는 등 폭정을 했으므로 폭군(暴君)의 이름을 후세에 남겼다.
- 二周(이주) : 東周·西周를 말한다.
- 六國(육국) : 전국 칠웅(全國七雄)에서 진(秦)나라를 뺀 제(齊)·연(燕)·초(楚)·한(韓)·위(魏)·조(趙)의 여섯 나라.

- 封建(봉건) : 천자(天子)가 천하를 그의 일족 및 공신들에게 나누어 주어 이를 세습(世襲)하여 다스리게 하는 제도.
- 詩書(시서) : 유교의 모든 경전을 뜻한다.

【對譯】

열국이라 함은 즉, 노·위·진(晉)·정·조·채·연·오·제·송·진·초·진(秦) 등의 나라다. 이들 나라가 날로 무력으로 겨루어서 전쟁이 끊이지 않다가 마침내 전국시대가 되었으며, 진(秦)·초·연·제·한·위·조나라를 칠웅(七雄)이라고 일컫는다.

공자의 손자 자사(子思)가 이 시대에 나와서 <중용(中庸)>을 짓고 그 문인의 제자 맹가(孟軻)가 제(齊)나라와 양(梁)나라에서 왕도(王道)를 폈으나, 도(道)가 역시 행해지지 않았으므로 <맹자 7편>을 지었다.

　　그런데 이단(異端)이 판을 쳤으며, 공리(功利)의 설(說)이 성행하여 성인(聖人)의 도가 전해지지 않았다. 진시황이 2주를 삼키고 6국을 멸하기에 이르러, 봉건제도를 폐지하고 군현(郡縣)을 설치했으며, 시서(詩書)를 불태우고 유생(儒生)을 구덩이에 묻어 죽였다. 진나라는 2대에서 망했다.

【大意】

　　전국시대에서 진(秦)의 멸망까지의 역사를 역술하고 있다.

　　진시황의 시대는 유교의 수난기로서, 그 글과 사람을 찾아볼 수 없게 되었다. 그후 유교의 경전이 어느 집 벽 속에서 나왔지만 오랫동안 흙 속에 묻혀 있어서 책장이 부패되고 뒤섞여서 알아보기 어려웠을 뿐만 아니라, 이것을 아는 이가 없어서 해득할 수 없었다.

　　한무제(漢武帝)가 유교를 숭상한 뒤로 이 경전들을 연구 정리하기를 천 년이나 걸렸다.

漢高祖가 起布衣成帝業하여 歷年이
四百이라. 在明帝時에 西域佛法이
始通中國하여 惑世誣民하다.
蜀漢과 吳와 魏의 三國이 鼎峙하니
而諸葛亮이 仗義扶漢하다가
病卒軍中하다. 晉有天下에 歷年이
百餘다. 五胡亂華하여 宋齊梁陳에
南北分裂하더니 隋能混一하여
歷年三十이다. 唐高祖와 太宗이
乘隋室亂하여 化家爲國하여
歷年三百이라. 後梁과 後唐과 後晉과
後漢과 後周가 是爲五季니
朝得暮失하여 大亂이 極矣라.

【音訓讀】

- 惑…현혹할 혹   • 誣…속일 무   • 鼎…솥 정
- 葛…칡 갈   • 亮…밝을 량   • 伏…지팡이 장
- 扶…붙들 부   • 胡…오랑캐 호 • 季…철 계

【語句解釋】

- 漢高祖(한고조) : 유방(劉邦)을 말함. 중국을 통일하고 한왕조(漢王朝)를 열었다.
- 布衣(포의) : 베옷. 벼슬하지 않은 사람.
- 明帝(명제) : 불교를 중국에 들어오게 한 사람.
- 諸葛亮(제갈량) : 자(字)는 공명(孔明). 삼국시대의 전략가(戰略家)이며 충신이다. 사람들이 그를 높여 와룡선생(臥龍先生)이라 했다.
- 五季(오계) : 후량·후당·후진·후한·후주의 다섯 나라를 말한다. 도의가 땅에 떨어진 말세(末世)라 하여 계(季)자는 가리고 표현했다. 오대(五代)의 다른 이름.

【對譯】

한(漢)나라의 고조(高祖)가 포의(布衣)의 몸을 일으켜 제업(帝業)을 이루었으며, 나라를 다스린 기간이 400년이다.

명제(明帝) 때 서역(西域)의 불법이 비로소 중국으로 들어와서 세상을 현혹(眩惑)하고 백성을 속였다. 촉한(蜀漢)·오(吳)·위(魏)의 세 나라가 서로 대치하니, 제갈양이 의(義)에 의지하여 한(漢)나라를 도우려다가 병들어 군중(軍中)에서 죽었다.

진(晉)나라가 천하를 차지하여 나라를 다스림이 100여 년이다. 오호(五胡)가 중원(中原)을 어지럽혀서 송(宋)·제

(帝)·양(梁)·진(陳)나라 때에 남북이 분열되었으나, 수(隋)나라가 능히 이를 하나로 합쳐서 나라를 다스린 기간이 30년이었다.

당(唐)나라 고조(高祖)와 태종(太宗)이 수나라 왕실(王室)이 어지러워짐을 틈타서 이를 멸하고 나라를 세우니 나라를 다스린 기간이 300년이다.

후량(後梁)·후당(後唐)·후진(後晉)·후한(後漢)·후주(後周)는 오계(五季)가 되니, 아침에 나라를 얻었다가 저녁에 나라를 잃는 것과 같아서 천하의 혼란이 극도에 이르렀다.

【大意】

한(漢)나라의 건국부터 오대에 이르기까지의 역사의 변천을 논했다. 이 시대에는 도의가 땅에 떨어지고 세상이 극도로 어지러웠으므로 말세(末世), 즉 계세(季世)라 하여 오계(五季)라고 일컫기도 한다. 중국의 5천 년 역사를 통하여 가장 혼란에 빠진 시대로 볼 수 있다.

宋太祖立國之初에 五星이 聚奎하니

濂洛關閩에 諸賢이 輩出하더니

若周敦頤程顥程頤司馬光張

載邵雍朱熹가 相繼而起하여

以闡明斯道로 爲己任하되

身且不得見容하며 而朱子는

集諸家說하여 註四書五經하니

其有功於學者가 大矣로다.

然而國勢不競하여 歷年三百에

契丹蒙古遼金이 迭爲侵軼하여

而及其垂亡에 文天祥이

竭忠報宋하다가 竟死燕獄하니

胡元이 滅宋하고 混一區宇하여

면 력 백 년　　　이 적 지 성
綿歷百年이라. 夷狄之盛이

미 유 약 차 자 야
未有若此者也로다.

【音訓讀】

- 聚 … 모일 취
- 濂 … 이름 렴
- 顥 … 클 호
- 熹 … 밝을 희
- 契 … 부족이름 글
- 竭 … 다할 갈
- 奎 … 별 규
- 閩 … 땅이름 민
- 邵 … 고을이름 소
- 闡 … 밝힐 천
- 軼 … 침범할 일
- 狄 … 오랑캐 적
- 洛 … 낙수 락
- 頤 … 턱 이
- 雍 … 화할 옹
- 遼 … 멀 요
- 垂 … 드리울 수

【語句解釋】

- 宋太祖(송태조) : 조광윤(趙匡胤)을 말한다. 지금의 개봉(開封)에 도읍하여 송나라를 세웠다.
- 濂洛關閩(염락관민) : 염계(濂溪), 낙양(洛陽), 관중(關中), 민중(閩中) 등 네 곳의 약칭.
- 周敦頤(주돈이) : 성리학(性理學)의 개조(開祖)가 되었다.
- 程顥(정호) : 주돈이의 문하생으로서 성리학을 크게 발전시켰다.
- 邵雍(소옹) : 역(易)의 이치에 정통했다.
- 朱熹(주희) : 그의 학문은 주자학으로 일컬어진다. 시문(詩文)을 모은 책으로 주자대전(朱子大全)이 있다.
- 契丹(글단) : 모든 부족을 통일하고 요(遼)나라를 세웠

다. 즉, 거란족을 말한다.

• 金(금) : 여진족(女眞族)인 완안부(完顔部)의 추장 아골타(阿骨打)가 세운 나라.

• 文天詳(문천상) : 근왕병(勤王兵)을 일으켜 원병(元兵)에 대항해 싸웠다.

• 胡元(호원) : 오랑캐가 세운 원나라라 하여 일컫는 말.

• 夷狄(이적) : 오랑캐.

【對譯】

송(宋)나라 태조가 나라를 세운 초기에 다섯 별이 규(奎)의 별자리에 모이더니, 염(濂)·낙(洛)·관(關)·민(閩)에서 어진 이가 계속하여 나왔다.

주돈이(周敦頤)·정호(程顥)·정이(程頤)·사마광(司馬光)·장재(張載)·소옹(邵雍)·주희(朱熹)가 뒤를 이어나와, 사도(斯道)를 천명(闡明)하는 것을 자기의 임무로 삼아서, 마치 몸이 용납할 곳을 얻지 못하는 것같이 하였다.

　주자는 여러 학자의 설을 모아 사서 (四書)·오경(五經)에 주(註)를 달아서 배우는 자에게 많은 도움이 되었다. 그러나 나라를 다스린 기간이 3백년이 되자, 국세(國勢)를 펼치지 못하여 거란(契丹)·몽고(蒙古)·요(遼)·금(金) 등이 번갈아 침범하여서 망하기에 이르게 되었다.

　문천상(文天祥)이 충성을 다하여 송나라에 보답하다가 마침내 연경(燕京) 옥중(獄中)에서 죽으니, 호원(湖元)이 송나라를 멸하여 천하를 하나로 합쳐서 100년을 다스렸다. 오랑캐의 강성함이 일찍이 이와 같은 적이 없었다.

【大意】

　송대(宋代)에는 너무 학문을 숭상한 나머지 국력이 미약하여 끊임없이 외세의 침략을 당했다.

　송나라는 유학(儒學)의 영향을 받아서 역대를 통하여 충신, 의사(義士)가 많았다. 그중에서도 유명한 이는 문천상(文天詳)이다. 문천상은 적에게 항복하지 않고 조용히 죽음을 맞이했다.

　그가 죽기에 앞서 '정기의 노래'를 지어서 '사람은 정의(正義)에 죽고 정의에 살 것'을 말했는데, 후세(後世) 사람들에게 크게 영향을 미쳤다.

천 염 예 덕　　대 명　　중 천
天厭穢德하여 大明이 中天하여

성 계 신 승　　　　어 천 만 년
聖繼神承하시니 於千萬年이로다.

오 호　　삼 강 오 상 지 도
嗚呼라 三綱五常之道는

여 천 지 상 종 시　　　　삼 대 이 전
與天地相終始하니 三代以前에는

성 제 명 왕　　현 상 양 좌
聖帝明王과 賢相良佐가

상 여 강 명 지 고　　치 일　　상 다
相與講明之故로 治日이 常多하고

난 일　　상 소　　삼 대 이 후
亂日이 常少하더니 三代以後에는

용 군 암 주　　난 신 적 자
庸君暗主와 亂臣賊子가

상 여 패 괴 지 고　　난 일　　상 다
相與敗壞之故로 亂日이 常多하고

치 일　　상 소
治日이 常少하니

기 소 이 세 지 치 란 안 위
其所以世之治亂安危와

국 지 흥 폐 존 망
國之興廢存亡이

개 유 어 인 륜 지 명 불 명 여 하 이
皆由於人倫之明不明如何耳라

가　불　찰　재

可不察哉아.

【音訓讀】

- 穢… 더러울 예　• 嗚… 탄식할 오　• 壞… 무너뜨릴 괴
- 由… 말미암을 유

【語句解釋】

- 穢德(예덕) : 누추한 덕.
- 大明(대명) : 명나라를 높여서 하는 말.
- 亂臣賊子(난신적자) : 난신은 나라의 정사를 어지럽히는 나쁜 신하이고, 적자는 역적(逆賊)을 말한다.
- 興廢存亡(흥폐존망) : 흥륭(興隆)과 잔폐(殘廢)와 존재(存在)와 멸망(滅亡)을 말한다.

【對譯】

하늘이 오랑캐의 누추한 덕을 싫어하여 명나라가 하늘의 뜻에 적중하여 성자신손(聖子神孫)의 뒤를 이어 나오고 있으니 천만년이나 무궁한 번영을 누리리로다.

아아! 삼강오상의 도가 천지와 더불어 처음에서 끝까지 운명을 같이한다.

삼대 이전에는 성스럽고 밝은 군주와 어진 재상과 착한 보좌가 함께 이 도리를 강구하여 밝혔기 때문에 세상이 잘 다스려진 날이 항상 많고 어지러운 날이 적었으며, 삼대 이후는 어리석고 어두운 군주와 난신 적자(亂臣賊子)가 함께 이를 무너뜨렸기 때문에 어지러운 날이 항상 많고 다스려진 날이 적었다.

세상의 잘 다스려짐과 어지러움, 편안함과 위태로움, 나라의 흥폐존망이 모두 인륜(人倫)이 밝고 밝지 못한 여하에 달린 것이니, 어찌 살피지 않으랴.

【大意】

동몽선습의 저자인 박세무가 살아 있던 그 당시의 중국은 명나라 시대였다. 그러므로 중국 역사의 기술은 명나라에 그쳤다.

이 글에서는 다시 하(夏)·은(殷)·주(周)·삼대(三代) 이전에는 삼강 오상의 도리를 밝혀서 세상이 잘 다스려지고, 이후에는 이 도리가 무너져서 세상이 혼란에 빠지는 때가 많았음을 들어서, 삼강 오상의 도덕이, 곧 국가사회의 흥망의 열쇠가 됨을 강조했다.

東方에 初無君長하더니 有神人이
降于太白山檀木下어늘 國人이
立以爲君하다. 與堯竝立하여 國號를
朝鮮이라 하니 是爲檀君이라.
周武王이 封箕子于朝鮮하니
敎民禮義하고 設八條之敎하여
有仁賢之化하더라. 燕人衛滿이
因盧綰亂하여 亡命來하여
誘逐箕準하고 據王儉城하더니
支孫右渠에 漢武帝討滅之하고
分其地하여
置樂浪臨屯玄菟眞蕃四郡하다.
昭帝가 以平那玄菟로 爲平州하고

臨屯樂浪으로 爲東府二都督府하다.
箕準이 避衛滿하여 浮海而南하여
巨金馬郡하니 是爲馬韓이라. 秦亡人이
避入韓하므로 韓이 割東界以與하니
是爲辰韓이라. 弁韓則立國於韓地하니
不知其始祖年代라. 是爲三韓이라.

【音訓讀】

- 檀 … 박달나무 단
- 綰 … 얽을 관
- 誘 … 달랠 유
- 逐 … 쫓을 축
- 據 … 웅거할 거
- 渠 … 도랑 거
- 屯 … 모일 둔
- 菟 … 고을이름 도
- 蕃 … 무성할 번
- 昭 … 밝을 소
- 那 … 어찌 나
- 府 … 마을 부
- 督 … 거슬릴 독
- 割 … 베일 할
- 弁 … 고깔 변

【語句解釋】

- 君長(군장) : 임금.
- 箕子(기자) : 은(殷)나라 주왕(紂王)의 친족.
- 八條之敎(팔조지교) : 여덟 가지 법금(法禁).
- 위만(衛滿) : 중국의 연(燕)나라 사람. 왕림성에 도읍하여 위만 조선을 세웠다.

- 盧綰(노관) : 중국의 풍(豊)사람. 유방(劉邦)을 도와 한 나라를 일으키는 데 공을 세워서 연왕에 봉해졌다.
- 箕準(기준) : 기자 조선의 마지막 임금. 기지의 41대손이라고 한다.
- 王儉城(왕검성) : 평양의 옛 이름.
- 右渠(우거) : 위만의 손자이며 위만 조선의 마지막 임금.
- 漢武帝(한무제) : 중국 한나라의 4대 임금. 고구려 광개토대왕(廣開土王) 때 고구려에 합병되었다.
- 漢昭帝(한소제) : 한나라의 제5대 임금.
- 平州(평주) : 길림성(吉林省) 일대의 땅으로 본다.
- 金馬郡(금마군) : 지금의 전라북도 익산군의 신라시대 이름.
- 馬韓(마한) : 한강 이남 충청도·전라도.
- 辰韓(진한) : 경상도의 낙동강 동쪽 및 강원도, 경기도 일부.
- 弁韓(변한) : 경상도의 낙동강 서쪽.
- 三韓(삼한) : 마한·진한·변한을 통틀어서 일컫는 말.

【對譯】

　동쪽에 처음에는 군장(君長)이 없었는데, 신인(神人)이 태백산 단목(檀木) 밑으로 내려오니, 신령스럽고 밝은 지혜가 있어 나라 사람들이 이를 임금으로 삼았다. 중국의 요(堯) 임금과 병립하여 나라 이름을 조선(朝鮮)이라고 했으니, 이분이 단군(檀君)이 된다.

　주(周)나라 무왕(武王)이 기자(箕子)를 조선(朝鮮)에 봉

하였는데, 기자는 백성들에게 예의를 가르치고, 팔조(八條)의 법을 만들어서 가르쳐 어진 이의 교화(敎化)가 있었다. 연(燕)나라 사람 위만(衛滿)이 노관(盧綰)의 난(亂)을 당하여 우리나라로 망명해 들어와서 기준(箕準)을 꾀어 내쫓고 왕검성(王儉城)에 웅거했다.

그 손자 우거(右渠) 때 와서 한(漢)나라 무제(武帝)가 이를 쳐서 멸하고, 그 땅을 나누어 낙랑(樂浪)·임둔(臨屯)·현도(玄菟)·진번(眞蕃)의 사군(四郡)을 두었다. 소제(昭帝)는 평나(平那)와 현도를 합쳐서 평주(平州)로 하고, 임둔과 낙랑을 합쳐서 동부(東部)의 두 도독부(都督府)를 두었다.

기준이 위만을 피하여 바닷길로 남쪽으로 내려가 금마군(金馬郡)에 살았으니, 이것이 마한(馬韓)이다. 진(秦)나

라에서 난을 피하여 도망한 사람들이 한(韓)으로 들어왔으므로, 한에서 동쪽 경계의 땅을 갈라 주어서 살게 했으니 이것이 진한(辰韓)이다. 변한(弁韓)은 한(韓)의 땅에 나라를 세웠는데, 그 시조와 연대를 알지 못한다. 이것이 삼한(三韓)이다.

【大意】

우리나라의 역사는 단군(檀君)에서부터 시작되었으며, 지금부터 4천 년 이전에 단군이 존재했음을 알 수 있다.

단군의 신화인데, 고려 충렬왕 때 승려 일연(一然)의 삼국유사(三國遺事)에 보면 환인(桓因 : 하느님)의 아들 환웅과 웅녀(熊女) 사이에서 단군이 태어나서 우리나라의 첫 임금이 되었음을 말해 주고 있다.

단군 조선이 약 천 년 동안 존속되다가 끊어지고 나서 기자(箕子) 조선이 된다. 과거의 우리나라 역사는 기자동래설(箕子東來說)을 인정하여 중국에서 기자가 우리나라로 들어와 나라를 세웠다고 한다.

新羅始祖赫居世는 都辰韓地하여
以朴으로 爲姓하고 高句麗始祖朱蒙은
至卒本하여 自稱高辛之後하여
因姓高하고 百濟始祖溫祚는
都河南慰禮城하고 以扶餘爲氏하여
三國의 各保一隅하여 互相侵伐하더니
其後에 唐高宗이 滅百濟高句麗하고
分其地하여 置都督府하고
以劉仁願薛仁貴로 留鎭撫之하니
百濟는 歷年이 六百七十八年이고
高句麗는 七百五年이다.
新羅之末에 弓裔가 叛于北京하여
國號를 泰封이라 하고

견 훤　반 거 완 산
甄萱은 叛據完山하여
자 칭 후 백 제　신 라　망
自稱後百濟라고 하다. 新羅가 亡하니
박 석 김 삼 성　상 전　역 년
朴昔金三姓이 相傳하여 歷年이
구 백 구 십 이 년
九百九十二年이라.

【音訓讀】

- 赫 … 빛날 혁
- 麗 … 고울 려
- 蒙 … 어릴 몽
- 祚 … 복 조
- 隅 … 모퉁이 우
- 劉 … 성 류
- 撫 … 어루만질 무
- 裔 … 후손 예
- 叛 … 배반할 반
- 甄 … 질그릇 견
- 萱 … 원추리 훤

【語句解釋】

- 新羅(신라) : 박혁거세가 경주를 중심으로 진한(辰韓) 땅에 세운 나라.
- 赫居世(혁거세) : 신라 건국의 시조. 성을 박(朴)으로 하여 우리나라 박씨의 시조가 되었다.
- 高句麗(고구려) : 주몽(朱蒙)이 졸본(卒本) 지방에 세운 나라.
- 高辛(고신) : 고대 중국의 지도자인 5帝 중의 제곡(帝嚳)을 고신씨라고 했다.
- 百濟(백제) : 온조(溫祚)가 위례성(慰禮城)에 도읍하여 세운 나라.

- 溫祚(온조) : 동명성왕의 셋째 아들.
- 唐高宗(당고종) : 당나라의 제3대 임금. 이름은 이치(李治).
- 劉仁願(유인원) : 당나라 장수.
- 薛仁貴(설인귀) : 당나라 장수.
- 朴昔金三姓(박석김삼성) : 신라의 시조 박혁거세는 신라를 건국한 임금으로서 박씨의 시조가 되고, 제4대 임금 탈해왕(脫解王) 석탈해(昔脫解)는 석씨의 시조가 되며, 제13대 미추왕(味鄒王) 김미추(金味鄒)는 김씨의 시조가 되었다.

【對譯】

신라의 시조 혁거세는 진한의 땅에 도읍하여 성을 박(朴)으로 하고, 고구려의 시조 주몽은 졸본에 이르러 스스로 고신(高辛)의 후예라고 일컫고 따라서 성을 고(高)로 하고, 백제의 시조 온조는 하남 위례성에 도읍하고, 부여(扶餘)를 성씨로 했다.

세 나라가 각각 한 귀퉁이씩을 차지하고 서로 침범하다가, 그 뒤에 당(唐)나라의 고종이 백제와 고구려를 멸하고, 그 땅을 나누어서 도독부(都督府)를 두고 유인원(劉仁願)과 설인귀(薛仁貴)를 시켜 그곳에 머물러 있으면서 진무(鎭撫)하도록 했다.

백제는 나라를 다스린 기간이 678년이고, 고구려는 705년이다.

신라 말기에 궁예(弓裔)가 북경에서 반란을 일으켜 국호를 태봉(泰封)이라 하고, 견훤은 반란을 일으켜 완산(完山)에 웅거하여서 스스로 후백제라고 했다.

신라가 망하니, 박(朴)·석(昔)·김(金) 세 성이 번갈아 임금 노릇하면서 나라를 다스린 기간이 992년이었다.

【大意】

신라·고구려·백제 등 세 나라의 건국 후에, 나당연합군(羅唐聯合軍)이 백제와 고구려를 멸하고, 당나라가 백제의 옛 땅에 웅진도독부(熊津都督府)를 두고, 고구려의 옛땅에 안동도호부(安東都護府)를 두어 한때 통치한 일을 서술했다.

또 통일신라의 성립, 후백제·태봉이 일어나 신라와 함께 후삼국을 형성한 일, 그리고 고려의 건국과 후삼국의 멸망 등에 대하여 서술하고 있다.

泰封의 諸將이 立王建하여 爲王하고 國號를 高麗라 하다. 剋剗羣兇하여 統合三韓하고 移都松嶽하다. 至于季世하여 恭愍無嗣하고 爲主辛禑가 昏暴自恣하며 而恭讓이 不君하여 遂至於亡하니 歷年이 四百七十五年이라.

【音訓讀】

• 剗 … 깎을 잔　　• 愍 … 슬플 민　　• 禑 … 복 우

• 恣 … 방자할 자

【語句解釋】

• 王建(왕건) : 송악(松嶽)에 도읍하여 국호를 고려라 했다. 왕건이 태봉을 멸하고 나라를 세워서 공양왕(恭讓王) 4년, 이성계(李成桂)에게 멸망당하기까지 34대 475년 동안 존속했다.

• 辛禑(신우) : 고려 32대 임금이 되었는데, 이성계 일파에 의해 강화도로 귀양갔다가 죽음을 당했다.

• 恭讓(공양) : 이성계 일파에 의해 왕위에 올랐다가 재위 4년 만에 쫓겨나 나라를 빼앗겼다.

【對譯】

태봉(泰封)의 여러 장수가 왕건(王建)을 세워서 임금으로 삼고, 나라 이름을 고려(高麗)라고 했다. 많은 흉적들을 쳐서 멸하여 삼한(三韓)을 통합하고 도읍을 송악으로 옮겼다.

말기에 이르러, 공민왕이 후사(後嗣)가 없으니, 가짜 임금 신우(辛禑)가 어둡고 포악하여 나랏일을 제 마음대로 했으며, 공양왕도 제대로 임금 노릇을 하지 못하여 드디어 망하게 되니, 나라를 다스린 기간이 475년이다.

【大意】

　왕건(王建)이 태봉의 장수들의 추대를 받아 태봉의 임금 궁예를 쫓아내고 고려를 세운 때로부터 공양왕에 이르러 나라를 빼앗기기까지의 일을 서술(敍述)했다.

　고려가 망한 뒤, 왕씨는 많은 사람이 새로 세워진 조선 정부에 의해 살육(殺戮)을 당하고, 혹은 성을 고치고, 혹은 초야에 묻혀 살면서 목숨을 유지했다.

^{천 명} ^{귀 우 진 주} ^{대 명}
天命이 歸于眞主하니 大明의

^{태 조 고 황 제}
太祖高皇帝가

^{사 개 국 호 왈 조 선}
賜改國號曰朝鮮이라 하다.

^{정 정 우 한 양} ^{성 자 신 손}
定鼎于漢陽으로 聖子神孫이

^{계 계 승 승} ^{중 희 누 흡}
繼繼繩繩하여 重熙累洽하여

^{식 지 우 금} ^{실 만 세 무 강 지 휴}
式至于今하니 實萬世無疆之休라.

^{어 희} ^{아 국} ^{수 벽 재 해 우}
於戲라 我國이 雖僻在海隅하여

^{양 지 편 소} ^{예 악 법 도}
壤地褊小나 禮樂法度와

^{의 관 문 물} ^{실 존 화 제} ^{인 륜}
衣冠文物을 悉遵華制하여 人倫이

^{명 어 상} ^{교 화} ^{행 어 하}
明於上하고 敎化가 行於下하여

^{풍 속 지 미} ^{모 의 중 화} ^{화 인}
風俗之美가 侔擬中華하니 華人이

^{칭 지 왈 소 중 화}
稱之曰小中華라.

^{자 기 비 기 자 지 유 화 야}
玆豈非箕子之遺化耶아.

차 이 소 자　　의 기 관 감 이 흥 기 재
嗟爾小子는 宜其觀感而興起哉인저.

【音訓讀】

- 賜…줄 사
- 鮮…생선 선
- 洽…젖을 흡
- 疆…굳셀 강
- 僻…치우칠 벽
- 褊…좁을 편
- 悉…다 실
- 嗟…탄식할 차
- 爾…너 이

【語句解釋】

- 天命(천명) : 하늘의 명령.
- 眞主(진주) : 천명을 받아서 한 나라를 세울 만한 임금. 여기에서는 조선의 태조 이성계(李成桂)를 말한다.
- 大明太祖高皇帝(대명태조고황제) : 명나라를 세운 임금 주원장(朱元璋)의 묘호(廟號)가 태조이고, 시호가 고황 제이기 때문에 일컫는 말.

- 朝鮮(조선) : 이성계가 고려를 멸망시키고 새 나라를 세우자, 화녕(和寧)과 조선(朝鮮)의 두 가지 국호를 만들어서 명태조에게 지정해 주기를 청했는데, 명태조가 조선을 지정했다.
- 漢陽(한양) : 지금 서울의 옛 이름.
- 於戱(어희) : 아아! 감탄사(感歎詞).

【對譯】

　하늘의 명하심이 진주(眞主)에게로 돌아오니, 명나라 태조고황제(太祖高皇帝)께서 나라 이름을 조선으로 고쳤다.

　한양(漢陽)에 도읍을 정한 뒤로 거룩한 자손이 뒤를 이어 나와 밝은 정치를 행하여서 오늘에 이르렀으니, 아아, 우리나라가 비록 궁벽하게 바다 한 모퉁이에 자리잡고 있어서 땅이 좁고 작으나, 예악법도(禮樂法度)와 의관문물(衣冠文物)을 모두 중국의 제도에 따라, 인륜(人倫)의 도(道)가 위에서 밝고, 교화(教化)가 아래에 행해져서 풍속의 아름다움이 중국을 본떠 비슷하므로, 중국 사람이 칭송하여 말하기를 소중화(小中華)라고 한다.

　이 어찌 기자(箕子)가 끼친 감화가 아니랴. 너희 어린이들은 이 글을 보고 느껴서 분별하여 일어날지어다.

【大意】

　명나라 태조(太祖)가 우리나라 이름을 조선으로 지정해 준 까닭은 조선 태조 이성계는 친명파(親明派)로서 명나라를 종주국(宗主國)으로 받들고 국호까지도 그의 지시를 받아서 정했던 것이다.

9. 발문(跋文)

孟子曰 讀其書하고 誦其詩하면서
不知其人이 可乎아. 余幼時에
見人家子弟初學者하니
無不以是書爲先하되
而第不知出於何人之手더니
今에 朴上舍廷儀氏가 來謂余曰
此吾高祖世茂之所編也라.
余不覺驚喜曰 今日에야
始知其人矣로다.
公爲明廟祖名臣하여 其學問이
有淵源하고 而門路가 亦甚正하니
觀於此編이면 則可知矣리

其該括約說이 無非學問中體니
認一大公案이며 而所序歷代가
又史家之總目也라.
或이 疑編內所輯理氣性命等說이
非童學所能知라 하나
此則不知作者本意所在也라.
朱子嘗論仁說曰 此等名義는
古人之敎가 自小學之時로
已有白直分明訓說하니
得知此道理가 不可不着實하며
踐履가 所以實造其地位也라.
若茫茫理會不得이면
則其所以求之者가

乃其平生所不識之物이니

復何所向望慕愛而知所以

用其力耶아. 今之童學이

略識諸般名儀界限하여

終有所歸宿者가 必於此書而得之니

其功이 豈不大哉아.

窈聞今上殿下每臨筵에

喜說此書하시니 睿學之明이

其必有以識此矣라.

公子景蕃이며 咸陽人이니 登第하여

始爲翰林하고 官止監正하다.

蘇齋盧相公守愼이 以嘗著此書로

訓其子弟하여 載公墓碣云이라.

숭 정 기 원 지 상 횡 엄 무　양 월　일
崇禎紀元之商橫閹茂 陽月 日

은 진　송 시 열　근 발
恩津 宋詩烈 謹跋

【音訓讀】

• 誦 … 욀 송	• 廷 … 조정 정	• 儀 … 거동 의
• 淵 … 못 연	• 該 … 갖출 해	• 輯 … 모을 집
• 窃 … 가만히 절	• 筵 … 자리 연	• 睿 … 밝을 예
• 翰 … 글 한	• 齋 … 집 재	• 碣 … 비석 갈
• 禎 … 상서 정	• 津 … 나루 진	• 跋 … 밟을 발

【語句解釋】

• 上舍(상사) : 생원(生員) 또는 진사(進士)를 말한다.

• 朴世茂(박세무) : 동몽선습(童蒙先習)을 지은 사람.

• 淵源(연원) : 근원, 근본.

• 該括約說(해괄약설) : 총망라(總網羅)해서 설명을 간략한 것.

• 性命(성명) : 유가(儒家)에서는 사람의 본성이 선하다고 하여 성선설(性善說)을 주장했으며, 그 선한 성품은 하늘에서 받은 것으로 보았다.

• 筵(연) : 경연(經筵). 임금 앞에서 경서(經書)를 강의하던 자리.

• 商橫閹茂(상횡엄무) : 상횡(商橫)은 10간(干)의 경(庚), 엄무(閹茂)는 12지(支)의 술(戌)에 해당하여 경술이 된다.

• 陽月(양월) : 10월의 다른 이름.

【對譯】

　맹자가 말하기를 "그 글을 읽고, 그 시를 외우면서 그것을 지은 사람을 모른데서야 되겠는가?"라고 했다.

　내가 어렸을 때 남의 집 아이들을 보니, 초학자로서 이 책을 읽지 않는 사람이 없었는데, 그것이 누구의 손에서 지어졌는지 아는 사람이 없었다.

　지금 박상사(朴上舍) 정의(廷儀) 씨가 와서 내게 말하기를 "이것은 우리 고조할아버지 세무(世茂)라는 분이 지으신 것이다."고 했다. 나는 자신도 모르게 놀랍고도 기뻐서 말하기를 "오늘에야 마침내 그 사람을 알게 되었다."고 했다.

공께서는 명종 임금 때의 명신(名臣)이니, 그의 학문이 연원(淵源)이 있고, 문로(門路) 또한 바름을 이 책을 보아도 알 수 있다. 그 책에 담은 내용이 해박(該博)할 뿐만 아니라, 간략한 설명이 학문의 요도(要道)가 아님이 없어서 하나의 큰 공론(公論)으로 인정되며, 또한 그 편차(編次)한 연대는 바로 사가(史家)의 총목(總目)인 것이다.

사람들이 혹 이 책 안에 이기(理氣)·성명(性命) 등의 설을 편집한 것을 의심하여 말하기를 "아이들이 알 수 없는 것이다."고 하는데, 그것은 작자(作者)의 본뜻을 알지 못하는 것이다.

주자(朱子)가 일찍이 인(仁)을 논하여 말하기를 "이 같은 명의(名義)들을, 옛사람은 소학(小學) 시절부터 가르쳐서 자세하고도 분명한 설명이 있었으니, 도리를 아는 것이 확실하지 않을 수 없어서 행동으로써의 실천도 상당한 경지에 이르렀던 것이다. 만일 망연(茫然)하여서 도리를 깨닫지 못한다면, 구하고자 하는 자가 평생을 두고도 알지 못하게 되거늘 무엇을 지향하고 사모하여서 힘쓸 바를 알랴. 오늘날 아이들이 대강이나마 여러 가지 명의(名義)의 한계를 알아서 드디어 돌아가 머무를 곳이 있게 되는 것은 틀림없이 이 책에서 얻어지는 것이니, 그 공효(功效)가 어찌 크지 않으랴."고 했다.

들어보니, 금상 전하(今上殿下)께서 경연(經筵)에 임(臨)하실 때마다, 이 책에 관하여 말씀하시기를 좋아하신다니, 그 학문에 대한 밝으신 판단이 반드시 이것을 의식하고 계신 것이다.

공의 자(字)는 경번(景蕃)으로 함양(咸陽) 사람이다. 과

거에 올라 처음에 한림(翰林)이 되었으며, 벼슬이 감정(監正)에 그쳤다.

소재 노상공(盧相公) 수신(守愼)이, 일찍이 이 책을 지어 그 자제들을 가르친 일로 공의 묘갈(墓碣)에 실었다고 한다.

숭정기원(崇禎紀元) 경술년 양월(陽月) 일(日)
은진(恩津) 송시열(宋時烈) 삼가 씀.

【大意】

이 글은 송시열(宋時烈)이 지은 〈동몽선습〉의 발문(跋文)이다.

송시열은 인조(仁祖), 효종(孝宗), 현종(顯宗), 숙종(肅宗)에 이르기까지 네 임금의 조정에서 벼슬하여 명망이 높은 큰 유학자(儒學者)였다.

박정의(朴廷儀)가 그의 고조부인 박세무(朴世茂)가 지은 〈동몽선습〉을 가지고 와서 발문을 청했기 때문에 지어준 것이다. 동몽선습은 어린이의 심성을 계발(啓發)하기에 족하면서 그 학문의 대성을 기대할 수 있다.

현종 임금께서도 이 책을 강론(講論)하기를 좋아하는 것으로 보아도 이 책의 진가를 알 수 있다.

10. 필선채응복소(弼善蔡膺福疏)

伏見朝紙에

有童蒙先習進講冑筵之命하오니

此誠聖朝에

歷累代書筵講明之初書이온데

而何幸今日에 復下是命이라.

我聖上의 遵先朝喩敎之道가

出尋常萬萬하오니

在廷臣僚가 莫不欽誦이어늘

況臣忝居宮僚之末이리까.

惟我列聖朝傳授之學을

將復見於今日이니 其所歡忭鼓舞가

自倍恒人이로소이다. 第念是書건대

本之以三綱五倫하여

參之以六經諸史하여

修齊治平之謨와 前古興亡之蹟이

瞭然明白於一編之中이니다.

故相臣沈守慶이 嘗贊曰 是書가

實兼經史之備라 하니

是可謂知此書者也니이다.

先正臣宋時烈이 曾跋編尾에

曰 讀其書하며 不知其人이

可乎아 하니 盖是書는

明廟祖名臣朴世茂之所著이오며

而世茂는

卽先正臣朴知誡之祖也니이다.

嘗與先正臣金淨金湜과

爲道義之交하여 學問이

有淵源하여 而先正臣朴世采도

亦有所尊慕者矣니이다.

今當講是書之日에

不可不先知是書之歷이오며

而且其跋文이

曾出於先正臣之手하여

且鋪張開明하니

亦將有益於睿學이니이다. 臣意는

以爲今此開講之初에 竝刊跋文하여

兼講之를 恐不可已也니이다.

【音訓讀】

- 弼 … 도울 필
- 膺 … 가슴 응
- 疏 … 글 소
- 胄 … 투구 주
- 喩 … 깨우칠 유
- 忝 … 욕될 첨
- 忭 … 기뻐할 변
- 謨 … 꾀 모
- 瞭 … 밝을 료
- 誡 … 경계할 계
- 湜 … 물맑을 식
- 鋪 … 펼 포

【語句解釋】

- 胄筵(주연) : 왕세자(王世子)가 학문을 강론하는 자리 = 서연(書筵)·이연(離筵)
- 修齊治平(수제치평) : 수(修)는 몸을 닦는 것. 제(齊)는 집을 정제(整齊)하는 것. 치(治)는 나라를 다스리는 것. 평(平)은 정치를 잘해서 천하를 평화스럽게 만드는 것.
- 故相臣(고상신) : 옛날에 정승을 지낸 신하.
- 先正臣(선정신) : 선대의 어진 신하.

【對譯】

엎드려 조지(朝紙)를 보건대 <동몽선습>을 주연(書筵)에 진강(進講)하라는 명이 계셨습니다. 이는 참으로 성조(聖朝)에서 여러 대를 두고 주연에서 맨 처음 강론(講論)하여 밝히던 책이온데, 다행스럽게도 이제 다시 이같은 명을 내리셨습니다.

성상(聖上)께서 선대 임금님들이 깨우쳐 가르치시는 도리에 따르심이 이처럼 지극하시니, 조정의 신하들이 삼가 성덕(聖德)을 칭송하지 않은 이 없거늘, 하물며 외람되게 동궁요속(東宮僚屬)의 말석을 차지하고 있는 이 몸이리까.

열성조(列聖朝)에서 전수(傳受)하던 학문을 오늘에 다시 보게 되니,. 마음이 기쁘고 고무(鼓舞)됨이 다른 사람의 배나 됩니다.

엎드려 생각건대, 이 책은 삼강오륜에 바탕을 두고, 육경(六經)과 여러 사서(史書)에 나오는 말들을 참고하여 이에 더해서 수신(修身)·제가(齊家)·치국(治國)·평천하(平天下)의 법도와 지난날의 흥망의 자취가 이 한 책 안에 요연(瞭然)히 밝혀져 있습니다.

고상신(故相臣) 심수경(沈守慶)이 일찍이 찬양(讚揚)하여 말하기를 "이 책은 실로 경사(經史)를 겸하여 갖추었다."고 했으니, 이 책을 아는 자라고 하겠습니다.

선정신(先正臣) 송시열(宋時烈)이 일찍이 이 책 끝에 발문을 썼는데, 말하기를 그 글을 읽으면서 "그 글을 지은 이를 몰라서야 되겠는가."라고 했습니다.

이 책은 명종 임금 때의 명신(名臣) 박세무(朴世茂)가 지은 것이며, 세무(世茂)는 곧 선정신(先正臣) 박지계(朴知誡)의 조부로서, 선정신 김정(金淨)·김식(金湜)과 도의(道義)의 벗이 되어, 학문이 연원(淵源)이 있으며, 선정신 박세채(朴世采)도 존중하여 사모하는 바가 있었습니다.

이제 이 책을 강론하는 때에 즈음하여 먼저 이 책의 내력을 알아야 하고 또 그 발문이 일찍이 신정신의 손에 이루어져서 그 속에 담겨 있는 깊은 뜻을 발견했으니 또한 성학(聖學)에 보탬이 있을 것입니다. 신의 생각으로 이번 개강(開講)하는 시초에 발문도 동시에 간행(刊行)하여서 함께 강론하는 일을 그만둘 수 없을 것 같습니다.

【大意】

영조 임금께서 〈동몽선습〉을 중간(重刊)할 때, 동궁직(東宮職)인 필선(弼善)으로 있던 채응복(蔡膺福)이 조보(朝報)에서 서연(書筵)에 〈동몽선습〉을 진강(進講)하라는 명(命)이 있음을 보고 올린 소(疏)다.

제 2 편
계 몽 편
(啓蒙篇)

1. 수편(首篇)

^상^유^천 上有天하고 ^하^유^지 下有地하니 ^천^지^지^간 天地之間에

^유^인^언 有人焉하고 ^유^만^물^언 有萬物焉이니라.

^일^월^성^진^자 日月星辰者는 ^천^지^소^계^야 天之所係也요

^강^해^산^악^자 江海山岳者는 ^지^지^소^재^야 地之所載也며

^부^자^군^신^장^유^부^부^붕^우^자 父子君臣長幼夫婦朋友者는

^인^지^대^륜^야 人之大倫也니라.

^이^동^서^남^북 以東西南北으로 ^정^천^지^지^방 定天地之方하고

^이^청^황^적^백^흑 以青黃赤白黑으로 ^정^물^지^색 定物之色하고

^이^산^함^신^감^고 以酸鹹辛甘苦로 ^정^물^지^미 定物之味하고

^이^궁^상^각^치^우 以宮商角徵羽로 ^정^물^지^성 定物之聲하고

^이^일^이^삼^사^오^육^칠^팔^구^십^백^천 以一二三四五六七八九十百千

^만^억 萬億으로 ^총^물^지^수 總物之數하니라.

【音訓讀】

- 酸…실 산　　・鹹…짤 함　　・辛…매울 신
- 苦…쓸 고　　・徵…음률이름 치, 부를 징

【語句解釋】

- 所係(소계) : 매어 있는 것.
- 大倫(대륜) : 큰 윤리(倫理)
- 方(방) : 방위(方位)
- 酸(산) : 맛이 신 것.
- 鹹(함) : 짠 것.
- 辛(신) : 매운 것.
- 甘(감) : 단 것.
- 苦(고) : 쓴 것.
- 宮商角徵羽(궁상각치우) : 재래의 동양 음악의 다섯 음
  계. 이것을 통틀어서 오음(五音)이라고 한다.

【對譯】

　위로는 하늘이 있고, 아래로는 땅이 있으니, 하늘과 땅 사이에 사람이 있고 만물이 있다. 해·달·별은 하늘에 매어 있고, 강·바다·산은 땅에 실려 있다. 부자(父子)·군신(君臣)·장유(長幼)·부부(夫婦)·붕우(朋友)는 사람의 큰 윤리(倫理)이다.

　동·서·남·북으로 천지의 방위를 정하고, 파랑·노랑·빨강·하양·검정으로 물건의 빛깔을 정하고, 신 것[酸]·짠 것[鹹]·매운 것[辛]·단 것[甘]·쓴 것[苦]으로 물건의 맛을 정하고, 궁(宮)·상(商)·각(角)·치(徵)·우(羽)로 물건의 소리를 정하여, 일·이·삼·사·오·육·칠·팔·구·십·백·천·만·억으로 물건의 수을 총괄적으로 계산한다.

【大意】

　계몽편의 첫머리로서 우주의 형성, 인간의 다섯 가지 윤리, 사방(四方), 오색(五色), 오미(五味), 오음(五音), 숫자 등 인간 생활의 기본적인 것들을 논하고 있다.

2. 천편(天篇)

日出於東方하여 入於西方하니

일출즉위주　　일입즉위야
日出則爲晝고 日入則爲夜며

야즉월성　　저견언
夜則月星이 著見焉이니라.

천유위성　　금목수화토오성
天有緯星하니 金木水火土五星이

시야　　유경성
是也오. 有經星하니

각항저방심미기두우여허위
角亢氐房心尾箕斗牛女虛危

실벽규루위묘필자삼정귀류
室壁奎婁胃昴畢觜參井鬼柳

성장익진이십팔수시야
星張翼軫二十八宿是也라.

【音訓讀】

- 緯…씨 위　　· 經…지날 경　　· 奎…별 규
- 翼…날개 익　　· 宿…성좌 수, 잘 숙

【語句解釋】

- 緯星(위성) : 金·木·水·火·土 다섯 별의 총칭.
- 金星(금성) : 유성 중에서 가장 별이 밝음.
- 木星(목성) : 태양에서 다섯 번째로 가까운 최대의 유

성(遊星).
- 水星(수성) : 유성 중에서 가장 별이 밝음.
- 火星(화성) : 금성 다음으로 지구에서 가까운 별.
- 土星(토성) : 태양계의 유성. 태양에서부터 여섯 번째 별.

【對譯】 하늘의 편

해는 동쪽에서 서쪽으로 지니, 해가 뜨면 낮이 되고, 해가 지면 밤이 되며, 밤에는 달과 별이 나타난다. 하늘에는 위성(緯星)이 있는데, 금·목·수·화·토의 다섯 별이 이것이다.

그리고 경성(經星)이 있는데, 각·항·저·방·심·미·기·두·우·여·허·위·실·벽·규·루·위·묘·필·자·삼·정·귀·류·성·장·익·진의 스물여덟 성수(星宿)가 있다.

【大意】

낮과 밤의 구분과 하늘의 5星(성) 28宿(수)에 대해서 설명했다.

一晝夜之内에 有十二時하니

十二時會而爲一日하고 三十日이

會而爲一月하고 十有二月이

合而成一歲니라. 月或有小月하니

小月則二十九日이 爲一月이요

歲或有閏月하니 有閏則十三月이

成一歲니라.

十二時者는 卽地之十二支也니

所謂十二支者는

子丑寅卯辰巳午未申酉戌亥也요

天有十干하니 所謂十干者는

甲乙丙丁戊己庚辛壬癸也라.

天之十干이 與地之十二支로

상합이위육십갑자
相合而爲六十甲子라.

소위육십갑자자　갑자을
所謂六十甲子者는 **甲子乙**

축병인정묘지임술계해시야
丑丙寅丁卯至壬戌癸亥是也라.

【音訓讀】

•晝…낮 주	•閏…윤달 윤	•子…쥐 자
•丑…소 축	•寅…호랑이 인	•卯…토끼 묘
•辰…용 진	•巳…뱀 사	•午…말 오
•未…양 미	•申…원숭이 신	•酉…닭 유
•戌…개 술	•亥…돼지 해	•甲…갑옷 갑
•乙…새 을	•丙…남녘 병	•丁…장정 정
•戊…별 무	•己…몸 기	•庚…별 경
•辛…매울 신	•壬…북방 임	•癸…천간 계

【語句解釋】

•閏月(윤월) : 음력은 어느 한 달이 많아서 1년이 13월이 된다.

•六十甲子(육십갑자) : 천간(天干)과 지지(地之)를 차례로 배합하여 60개의 간지(干支)를 이룬다. 육십갑자를 약칭하여 육갑(六甲)이라고도 한다.

【對譯】

한 낮과 밤 사이에 열두 시가 있는데, 열두 시가 모여서 하루가 되고, 30일이 모여서 한 달이 되며, 열두 달이 모여서 한 해가 된다. 달에는 간혹 작은 달이 있는데, 작은 달은 29일이 한 달이 된다. 또 해에는 간혹 윤달이 있는데, 윤달이 들면 열세 달이 한 해가 된다.

열두 시란 곧 땅의 12지(支)인데, 소위 12지는 자·축·인·묘·진·사·오·미·신·유·술·해이고, 하늘에 10간(干)이 있는데, 소위 10간이란 갑·을·병·정·무·기·경·신·임·계다.

하늘의 10간과 땅의 12지가 서로 모여서 이른바 60갑자(甲子)가 되는데, 이른바 60갑자란 갑자(甲子)·을축(乙丑)·병인(丙寅)·정묘(丁卯)에서 임술(壬戌)·계해(癸亥)에 이르는 것을 말한다.

【大意】

음력을 표준으로 한 하루의 시간, 1년의 달수, 천간·지리·60갑자 등에 대해서 설명했다.

十有二月者는 自正月二月로
至十二月也라. 一歲之中에
亦有四時니 四時者는
春夏秋冬이 是也니라.
以十二月로 分屬於四時하니
正月二月三月은 屬之於春하고
四月五月六月은 屬之於夏하고
七月八月九月은 屬之於秋하고
十月十一月十二月은 屬之於冬이니라.
晝長夜短而天地之氣가
大暑則爲夏하고
夜長晝短而天地之氣가
大寒則爲冬이니 春秋則晝夜長短이

平均而春氣_는 微溫_{하고} 秋氣_는 微凉_{이니라.}

평균이춘기　미온　추기　미량

【音訓讀】

- 屬…붙일 속
- 均…고를 균
- 署…더울 서
- 微…작을 미
- 寒…찰 한
- 凉…서늘할 량

【語句解釋】

- 春氣(춘기) : 봄 기운.
- 微溫(미온) : 조금 따뜻함.
- 秋氣(추기) : 가을 기운.
- 微凉(미량) : 조금 서늘함.

【對譯】

　열두 달이란 정월, 2월로부터 12월까지이다. 1년 중에는 또 사시(四時)가 있는데, 사시란 봄·여름·가을·겨울을 말한다.

　열두 달을 사시로 나누어 보면, 정월·2월·3월은 봄에 속하고, 4월·5월·6월은 여름에 속하고, 7월·8월·9월은 가을에 속하고, 10월·11월·12월은 겨울에 속한다.

　낮이 길고 밤이 짧으면서 천지의 기운이 무척 더운 것은 여름이 되고, 밤이 길고 낮이 짧으면서 천지의 기운이 무척 찬 것은 겨울이 된다. 봄과 가을은 낮과 밤의 길이가 같으며, 봄 기운은 조금 따뜻하고, 가을 기운은 조금 서늘하다.

【大意】

　봄 절기인 춘분(春分)과 가을 절기인 추분(秋分)은 낮과 밤의 길이가 꼭같고, 여름 절기인 하지(夏至)는 낮이 가장 길며, 겨울 절기인 동지(冬至)엔 밤이 가장 길다.

春三月이 盡則爲夏하고 夏三月이 盡則爲秋하고 秋三月이 盡則爲冬하고 冬三月이 盡則復爲春이니 四時相代而歲功이 成焉이니라.

春則萬物이 始生하고 夏則萬物이 長養하고 秋則萬物이 成熟하고 冬則萬物이 閉藏하나니 然則萬物之所以生長收藏이 無非四時之功也니라.

【音訓讀】

• 盡 … 다할 진　　• 熟 … 익을 숙　　• 閉 … 닫을 폐

• 收 … 거둘 수

【語句解釋】

• 相代(상대) : 서로 교대하는 것.

• 歲功(세공) : 한 해의 할 일.

• 閉藏(폐장) : 물건을 감추어 두는 것.

【對譯】

　봄 석 달이 다 가면 여름이 되고, 여름 석 달이 다 가면 가을이 되고, 가을 석 달이 다 가면 겨울이 되며, 겨울 석 달이 다 가면 다시 봄이 되어, 사계절이 서로 교대하면서 한 해의 공용(功用)이 이루어진다.

　봄이 되면 만물이 비로소 나고, 여름이 되면 만물이 자라며, 가을이 되면 만물이 성숙하고, 겨울이 되면 만물이 닫아 갈무리한다. 그렇다면 만물이 나고, 자라며 거두어지고, 갈무리함에 사계절의 공용이 아님이 없다.

【大意】

　한 해의 일은 사계절의 변화에 힘입어서 이루어지므로, 사람도 이 같은 변화 속에서 삶을 누리고 있는 것이다.

地之高處가 便爲山하고 地之低處가

便爲水라. 水之小者를 謂川이요

水之大者를 謂江이며 山之卑者를

謂丘요 山之峻者를 謂岡이니라.

天下之山이 莫大於五岳하니

五岳者는

泰山嵩山衡山恒山華山也오.

天下之水가 莫大於四海하니

四海者는 東海西海南海北海也라.

【音訓讀】

- 便…편할 편
- 丘…언덕 구
- 峻…높을 준
- 岡…뫼 강
- 岳…뫼 악
- 嵩…높을 숭
- 衡…저울 형

【語句解釋】
- 五岳(오악) : 중국의 동·서·남·북·중앙의 다섯 명산(名山)을 말함.
- 泰山(태산) : 산동성(山東省)에 있는 명산 - 東岳
- 嵩山(숭산) : 하남성(河南省)에 있는 명산 - 中岳
- 衡山(형산) : 호남성(湖南省)에 있는 명산 - 南岳
- 恒山(항산) : 산서성(山西省)에 있는 명산 - 北岳
- 華山(화산) : 섬서성(陝西省)에 있는 명산 - 西岳

【對譯】 땅의 편

땅의 높은 곳은 곧 산이 되고, 땅이 낮은 곳은 곧 물이 된다. 물이 작은 것을 내[川]라 하고, 물이 큰 것을 강(江)이라고 하며, 산이 낮은 것을 언덕이라 하고, 산이 높은 것을 뫼라고 한다.

천하의 산이 오악(五岳)보다도 큰 것은 없는데, 오악이란 태산·숭산·형산·항산·화산이다. 천하의 물이 사해(四海)보다도 큰 것은 없는데, 사해는 동해·서해·남해·북해이다.

【大意】

내·강·언덕·뫼의 구분과 5嶽(岳)에 대해서 논했다.

산 해 지 기　　상 여 천 기　　상 교
山海之氣가　上與天氣로　相交면

즉 흥 운 무　　　강 우 설　　　위 상 로
則興雲霧하며　降雨雪하며　爲霜露하며

생 풍 뢰
生風雷니라.

서 기　　증 울　　　즉 유 연 이 작 운
暑氣가　蒸鬱하면　則油然而作雲하여

패 연 이 하 우　　　한 기　　음 응
沛然而下雨하고　寒氣가　陰凝하면

즉 로 결 이 위 상
則露結而爲霜하고

우 응 이 성 설　　　　고　　춘 하
雨凝而成雪이니라.　故로　春夏에

다 우 로　　　추 동　　다 상 설
多雨露하고　秋冬에　多霜雪하니

변 화 막 측 자　　　풍 뢰 야
變化莫測者는　風雷也니라.

【音訓讀】

- 霧…안개 무　　• 霜…서리 상　　• 露…이슬 로
- 雷…우레 뢰　　• 蒸…찔 증　　• 鬱…울창할 울
- 沛…넉넉할 패　• 凝…엉길 응　　• 測…헤아릴 측

【語句解釋】

- 蒸鬱(증울) : 증발하여 올라가는 것.
- 油然(유연) : 구름이 뭉게뭉게 이는 모양.

- 沛然(패연) : 비가 왕성하게 내리는 모양.
- 陰凝(음응) : 차갑게 엉기는 것.
- 莫測(막측) : 측량할 수 없는 것. 예상 못 하는 것.
- 風雷(풍뢰) : 바람과 우레.

【對譯】

산과 바다의 기운이 위로 올라가서 하늘의 기운과 서로 합해지면, 구름과 안개를 일으켜서 비와 눈을 내리고, 서리와 이슬이 되고 바람과 우레를 발생하게 한다.

더운 기운이 증발하여 쌓이면 유연히 구름을 일으켜서 패연(沛然)히 비를 내리고, 찬 기운이 차갑게 응결하면 이슬이 맺혀서 서리가 되고 비가 엉겨서 눈이 된다.

그러므로 봄과 여름에는 비와 이슬이 많고, 가을과 겨울에는 서리와 눈이 많으니 변화를 헤아릴 수 없는 것은 바람과 우레다.

【大意】

구름과 안개가 생기고 비·눈·이슬·서리가 내리며, 바람 불고 천둥이 울리는 대자연의 현상에 대해서 설명했다.

고 지 성 왕　　　획 야 분 지
古之聖王이　**畵野分地**하여

건 방 설 도　　　　　사 해 지 내　　기 국
建邦說都하시니　**四海之內**에　**其國**이

유 만　　　이 일 국 지 중
有萬이라.　**而一國之中**에

각 치 주 군 언　　　주 군 지 중
各置州郡焉하고　**州郡之中**에

각 분 향 정 언　　　위 성 곽
各分鄕井焉하고　**爲城郭**하여

이 어 구　　　위 궁 실　　　이 처 인
以禦寇하고　**爲宮室**하여　**以處人**하고

우 뢰 거　　　교 민 경 가　　　위 부 증.
爲耒耟하여　**敎民耕稼**하고　**爲釜甑**하여

교 민 화 식　　　작 주 거
敎民火食하고　**作舟車**하여

이 통 도 로
以通道路하시니라.

【音訓讀】

- 畵…그을 획, 그림 화
- 邦…나라 방
- 井…우물 정
- 郭…성곽 곽
- 禦…막을 어
- 寇…도적 구
- 耒…쟁기 뢰
- 耟…따비술 거
- 耕…밭갈 경
- 稼…심을 가
- 甑…시루 증

【語句解釋】

- 鄕井(향정) : 행정 구획의 하나. 정(井)자 모양으로 9등

분하여 중앙의 한 구역을 공전(公田)으로 하고, 나머지
여덟 구역을 여덟 집에 나누어 주어서 농사지어 먹게
했던 정전제도(井田制度)를 말한다.
- 城郭(성곽) : 내성(內城)과 외성(外城).
- 處人(처인) : 사람을 거처하게 하는 것.

【對譯】

옛날의 성스러운 임금이 들판을 그어 땅을 나누어서 나
라를 세우고 도읍을 설정하시니, 사해(四海) 안에 그 나라
가 만이나 되더라. 한 나라 안에는 각각 주(州)와 군(郡)을
두고, 주와 군 안을 각각 향(鄕)과 정(井)을 나누었다.

성곽을 만들어서 도적을 막고, 궁실을 만들어서 사람들
을 거처하게 하고, 쟁기와 보습을 만들어서 백성들에게 밭
갈고 곡식 심는 것을 가르치고, 가마솥과 시루를 만들어서
백성들에게 불로 밥을 지어 먹는 것을 가르치고, 배와 수
레를 만들어서 도로를 통하게 하셨다.

【大意】

고대의 현명한 지도자가 훌륭한 제도를 마련하고 백성의 생
활을 안정시키고 행복한 삶을 누리게 한 업적을 설명한 것이다.

金木水火土가 在天이니 爲五星이요

在地이니 爲五行이라. 金은 以爲器하고

木은 以爲宮하고 穀生於土하여

取水火爲飮食하니

則凡人日用之物이

無非五行之物也니라.

五行이 固有相生之道하니 水生木하고

木生火하고 火生土하고 土生金하고

金이 復生水하니

五行之相生也無窮하여

而人用이 不竭焉이니라.

五行이 亦有相克之理하니 水克火하고

火克金하고 金克木하고 木克土하고

토 부 극 수　　　내 조 기 상 극 지 권
土復克水하니 乃燥其相克之權하여

능 용 기 상 생 지 물 자
能用其相生之物者는

시 인 지 공 야
是人之功也니라.

【音訓讀】

- 器 … 그릇 기　　　• 穀 … 곡식 곡　　　• 竭 … 다할 갈
- 克 … 이길 극

【語句解釋】

- 相生(상생) : 서로 돕고 살아가는 것.
- 不竭(불갈) : 다함이 없는 것.
- 相克(상극) : 서로 이기는 것 ↔ 相生(상생)
- 權柄(권병) : 권한.

【對譯】

　금·목·수·화·토가 하늘에 있어 오성(五星)이 되고, 땅에 있어 오행(五行)이 된다. 쇠는 이것을 가지고 그릇을 만들고, 나무는 이것을 가지고 집을 만들며, 곡식은 흙에서 나서 물과 불을 취하여 음식을 만드니, 무릇 사람의 매일같이 쓰는 물건이 오행에서 나온 것이 아님이 없다.

　오행은 본래 상생(相生)하는 도리가 있는데, 물은 나무를 생하고, 나무는 불을 생하고, 불은 흙을 생하고, 흙은

쇠를 생하고, 쇠는 다시 물을 생하니, 오행의 상생이 궁진함이 없고, 사람의 사용함도 다함이 없다.

　오행은 또한 상극(相克)하는 이치가 있는데, 물은 불을 이기고, 불을 쇠를 이기고, 쇠는 나무를 이기고, 나무는 흙을 이기고, 흙은 다시 물을 이겨서, 곧 그 상극하는 권병(權柄)을 잡아, 능히 그 상생하는 물건을 이용하는 것은 사람의 공력(功力)이다.

【大意】

　오행(五行)에 대해 설명하고 있다. 서로 불가분(不可分)의 관계에 있는 것도 있으며, 또 서로가 상극(相克)의 관계에 있는 것도 있다.

　한 가지 예(例)를 들어 말한다면, 불이 쇠를 이기는 원리를 이용하여 불을 가지고 쇠를 녹이고, 다시 이를 단련하여서 좋은 쇠를 얻는 것과 같은 것이다.

4. 물편(物篇)

천지생물지수 유만기중
天地生物之數가 有萬其衆이니

이약언기동식지물
而若言其動植之物이면

즉초목금수충어지속
則草木禽獸蟲魚之屬이

최기교저자야 비자 위금
最其較著者也니라. 飛者는 爲禽이요

주자 위수 인개자 위충어
走者는 爲獸요 鱗介者는 爲蟲魚요

근식자 위초목
根植者는 爲草木이니라.

비금 난익 주수 태유
飛禽은 卵翼이고 走獸는 胎乳하며

비금 소거 주수 혈처
飛禽은 巢居하고 走獸는 穴處라.

충어지물 화생자 최다
蟲魚之物은 化生者가 最多하며

이역다생어수습지지
而亦多生於水濕之地니라.

춘생이추사자 초야
春生而秋死者는 草也요

추즉엽탈 이춘부영화자
秋則葉脫하고 而春復榮華者는

목야 기엽 창취
木也라 其葉은 蒼翠이고

기화 오색 기근 심자
其花는 五色이니 其根이 深者는

지엽 필무 기유화자
枝葉이 必茂하고 其有花者는

필유기실
必有其實이니라.

【音訓讀】

- 禽…새 금
- 獸…짐승 수
- 鱗…비늘 린
- 介…껍질 개
- 乳…젖 유
- 穴…구멍 혈
- 化…변화할 화
- 脫…벗을 탈
- 翠…푸를 취
- 戊…무성할 무

【語句解釋】

- 較著(교저) : 뚜렷하게 나타나는 것.
- 鱗介(인개) : 비늘과 껍질.

- 卵翼(난익) : 알을 낳아 날개로 덮어서 부화하는 것.
- 胎乳(태유) : 새끼를 낳아서 젖먹이는 것.
- 巢居(소거) : 새집에 사는 것.
- 葉脫(엽탈) : 잎이 지는 것.
- 蒼翠(창취) : 푸르른 것.

【對譯】 물건의 편

　천지가 물건을 낳는 수가 만(萬)을 셀 정도로 많다. 만약 동물과 식물을 말한다면, 초목·금수·충어의 종류가 가장 뚜렷하게 나타난다.

　나는 것는 새가 되고, 뛰는 것은 짐승이 되고, 비늘과 껍질이 있는 것은 벌레와 물고기가 되고, 뿌리로 심어진 것은 풀과 나무가 된다.

　나는 새는 알을 낳아 날개로 덮어 부화(孵化)하고, 달리는 짐승은 새끼를 낳아 젖을 먹이며, 나는 새는 새집에 살고, 뛰는 짐승은 굴에 산다. 벌레나 물고기의 종류는 변화하여 생기는 것이 가장 많으며, 또 흔히 물이나 습한 땅에서 사는 일이 많다.

　봄에 나서 가을에 죽는 것은 풀이고, 가을이 되면 잎이 떨어졌다가, 봄이 되면 다시 무성하는 것은 나무다. 그 잎은 푸르고 그 꽃은 오색이며, 그 뿌리가 깊은 것은 가지와 잎이 반드시 무성하고, 꽃이 있는 것은 반드시 열매가 있다.

【大意】

　하늘과 땅 사이의 수많은 물건 중에서 식물로는 풀과 나무, 동물로는 새·짐승·벌레·물고기 등이 가장 뚜렷이 나타나는 것이다.

虎豹犀象之屬은 在於山하고

牛馬鷄犬之物은 畜於家하니

牛以耕墾하고 馬以乘載하고

犬以守夜하고 鷄以司晨하며

犀取其角하고 象取其牙하고

虎豹는 取其皮니라. 山林에

多不畜之禽獸하고 川澤에

多無益之蟲魚라. 故로 人以力殺하고

人以智取하여 或用其毛羽骨角하고

或供於祭祀賓客飮食之間이니라.

走獸之中에 有麒麟焉하고

飛禽之中에 有鳳凰焉하고

蟲魚之中에 有靈龜焉하고

유 비 룡 언　　　차 사 물 자
有飛龍焉하니 此四物者는

내 물 지 령 이 자 야
乃物之靈異者也라.

고　　　혹 출 어 성 왕 지 세
故로 或出於聖王之世니라.

【音訓讀】

- 虎…범 호
- 豹…표범 표
- 犀…무소 서
- 晨…새벽 신
- 牙…어금니 아
- 羽…깃 우
- 祀…제사 사
- 麒…기린 기
- 凰…봉황새 황
- 龜…거북 귀, 터질 균, 나라이름 구

【語句解釋】

- 耕墾(경간) : 밭을 갊.
- 人以力殺(인이역살) : 사람의 힘으로 이를 죽임.
- 有靈龜焉(유영귀언) : 신령한 거북이 있다.

【對譯】

　범·표범·무소·코끼리의 종류는 산에 있고, 소·말·닭·개와 같은 것은 집에서 기른다.

　소를 가지고는 밭을 갈고, 말은 사람이 타고 물건을 실으며, 개는 집을 지키고, 닭은 새벽에 때를 알리는 일을 맡으며, 무소는 그 뿔을 취하고, 코끼리는 그 어금니를 취하며, 범과 표범은 그 가죽을 취한다.

　산과 숲에는 사람이 길들여 기를 수 없는 금수(禽獸)가 많고, 냇물과 못에는 이로움이 없는 벌레와 물고기가 많다.

　　그러므로 사람이 힘으로 이를 죽이고 지혜로 잡아서, 때로는 그 털과 깃, 뼈와 뿔을 쓰고, 때로는 제사를 받들고 손님을 접대하는 음식을 만드는 데 제공한다.

　　뛰는 짐승 중에 기린이 있고, 나는 새 중에 봉황이 있고, 벌레와 물고기 중에는 신령스런 거북이 있고, 나는 용이 있는데, 이는 신령스럽고도 기이한 물건이다.

　　그러므로 혹 성스러운 임금이 다스리는 세상에 나타나기도 한다.

【大意】

　　기린(麒麟)·봉황(鳳凰)·용(龍)은 사실은 상상동물(想像動物)이고, 실제로는 이 세상에 존재하지 않는다. 그러나 예로부터 상서(祥瑞)로운 동물로 알려졌으며, 성인(聖人)이 있는 세상에 나온다고 전해진다.

稻粱黍稷은
도 량 서 직

祭祀之所以供粢盛者也이고
제 사 지 소 이 공 자 성 자 야

豆菽麰麥之穀은
두 숙 모 맥 지 곡

亦無非養人命之物故로 百草之中에
역 무 비 양 인 명 지 물 고　백 초 지 중

穀食이 最重이라. 犯霜雪而不凋하고
곡 식　최 중　범 상 설 이 부 조

閱四時而長春者는 松柏也니
열 사 시 이 장 춘 자　송 백 야

衆木之中에 松柏이 最貴니라.
중 목 지 중　송 백　최 귀

梨栗柿棗之果가 味非不佳也로되
이 율 시 조 지 과　미 비 불 가 야

其香이 芬芳故로 果以橘柚로
기 향　분 방 고　과 이 귤 유

爲珍하고 蘿葍蔓菁諸瓜之菜가
위 진　나 복 만 청 제 과 지 채

種非不多也로되 其味辛烈故로
종 비 부 다 야　기 미 신 렬 고

菜以芥薑으로 爲重이니라.
채 이 개 강　위 중

【音訓讀】

- 稻…벼 도
- 稷…피 직
- 菽…콩 숙
- 柏…잣 백
- 棗…대추 조
- 橘…귤 귤
- 蔔…무 복
- 芥…겨자 개
- 菁…무성할 모양 청

- 粱…기장 량
- 粢…젯밥 자
- 麥…보리 맥
- 栗…밤 률
- 芬…향기 분
- 柚…유자 유
- 蔓…순무 만
- 薑…생강 강

- 黍…기장 서
- 麰…갈보리 모
- 凋…시들 조
- 柿…감 시
- 芳…꽃다울 방
- 蘿…무 라
- 瓜…외 과

【語句解釋】

- 粢盛(자성) : 제사지낼 때 쓰이는 것으로 그릇에 곡식을 담는 것.
- 不凋(부조) : 시들지 않는다.

- 閱四時(열사시) : 사계절을 경과하는 것.
- 長春(장춘) : 시들지 않고 늘 싱싱하게 살아 있는 것.
- 芬芳(분방) : 향기가 매우 짙은 것.
- 芥薑(개강) : 겨자와 생강.

【 對譯 】

벼·조·지장·피는 제사에서 자성(粢盛)으로 바치는 것이고, 팥·콩·밀·보리 등의 곡식은 또한 사람의 생명을 기르는 물건이 아닌 것이 없으므로, 온갖 푸르른 중에서 곡식이 가장 중한 것이다.

서리와 눈에 부딪혀도 시들지 않고, 사철에 걸쳐 늘 봄과 같은 것은 소나무와 잣나무이니, 온갖 나무 중에 소나무와 잣나무가 가장 귀한 것이다.

배·밤·감·대추 등이 맛이 좋지 않은 것은 아니나, 그 향기가 꽃다운 까닭에 과실로는 귤과 유자를 보배로 삼고, 무·순무 등 모든 나물이 종류가 많지 않은 것은 아니나, 그 맛이 지극히 매운 까닭에 겨자와 생강을 귀중한 것으로 친다.

【 大意 】

곡식은 사람이 먹어서 생명을 유지하고 또 제물(祭物)로 신에게 바치는 것이니, 모든 풀 중에서 가장 귀중한 것이다.

모든 실과가 맛이 좋아서 사람의 입을 즐겁게 하고, 무·순무 등 여러 가지 채소가 많지만, 그중에서도 겨자와 생강이 가장 매워서 입맛을 돋우어 주기 때문에 가장 즐겨 먹는다.

수륙 초 목 지 화　가 애 자　심 번
水陸草木之花에 可愛者가 甚繁이나

이 도 연 명　애 국　주 염 계
而陶淵明은 愛菊하고 周濂溪는

애 련　부 귀 번 화 지 인
愛蓮하고 富貴繁華之人이

다 애 목 단
多愛牧丹하나니

연 명　은 자　고　인 이 국 화
淵明은 隱者라. 故로 人以菊花로

비 지 어 은 자　염 계　군 자　고
比之於隱者하고 濂溪는 君子라. 故로

인 이 련 화　비 지 어 군 자　목 단
人以蓮花로 比之於君子하고 牧丹은

화 지 번 화 자　고　인 이 목 단
花之繁華者라. 故로 人以牧丹으로

비 지 어 번 화 부 귀 인
比之於繁華富貴人이니라.

【音訓讀】

- 陶…질그릇 도　　• 菊…국화 국　　• 蓮…연꽃 련
- 牧…기를 목　　　• 丹…붉은 단　　• 隱…숨을 은
- 貴…귀할 귀

【語句解釋】

- 陶淵明(도연명) : 자연 시인. 벼슬을 버리고 고향으로 돌아가면서 지은 귀거래사(歸去來辭)는 그의 고결한

인품을 보여주는 유명한 시이다.

• 隱者(은자) : 초야에 파묻혀 자연을 즐기면서 속세를 싫어하는 사람.

【對譯】

물과 육지에 있는 풀과 나무의 꽃 중에는 사랑스러운 것이 매우 많으나, 도연맹은 국화를 사랑하고, 주염계는 연꽃을 사랑했으며, 부귀하고 번화한 사람은 흔히 모란을 사랑한다.

도연맹은 은자인 까닭에 사람들이 국화를 은자에 비유하고, 주염계는 군자인 까닭에 사람들이 연꽃을 군자에 비유하며, 모란은 꽃 중에서 번화한 것인 까닭에 사람들이 모란을 가지고 번화하고 부귀한 사람에 비유한다.

【大意】

국화는 청초하고도 향기가 드높다. 도연맹은 은둔 생활을 했기 때문에 사람들은 그를 추모하여 국화를 가지고 은자에 비유한다. 모란은 꽃이 화려하기 때문에 사람들은 이를 부귀하는 사람에 비유한다.

物之不齊_는 乃物之情_{이라.} 故_로

以尋丈尺寸_{으로} 度物之長短_{하고}

以斤兩錙銖_로 稱物之輕重_{하고}

以斗斛升石_{으로} 量物之多寡_{라.}

算計萬物之數_는 莫便於九九_{하니}

所謂九九者_는 九九八十一之數也_{라.}

【音訓讀】

- 齊 … 가지런할 제
- 尋 … 여덟자 심
- 度 … 헤아릴 탁
- 錙 … 저울눈 치
- 銖 … 저울눈 수
- 斛 … 휘 곡
- 升 … 되 승
- 量 … 헤아릴 량
- 寡 … 적을 과

【語句解釋】

- 長短(장단) : 길고 짧은 것.
- 輕重(경중) : 가볍고 무거운 것.
- 多寡(다과) : 많고 적은 것.

【對譯】

　물건이 다 똑같지 않음은 물건의 자연적인 이치이다.

　그러므로 심(尋)·장(丈)·척(尺)·촌(寸)으로써 물건의 길고 짧음을 재고, 근(斤)·량(兩)·치(錙)·수(銖)로써 물건의 가볍고 무거움을 달고, 두(斗)·곡(斛)·승(升)·석(石)으로써 물건의 많고 적음을 헤아린다.

만물의 수를 계산하는 것은 구구(九九)보다도 편리한 것은 없는데, 이른바 구구란 구구 팔십일(9×9=81)의 수를 일컬음이다.

【大意】

물건의 길이를 재는 단위, 무게를 다는 단위, 부피를 재는 단위 및 계산을 편리하게 하는 구구법에 대해서 설명했다.

5. 기타(其他)

萬物之中에 惟人이 最靈하니
만 물 지 중　유 인　최 령

有父子之親하며 有君臣之義하며
유 부 자 지 친　유 군 신 지 의

有夫婦之別하며 有長幼之序하여
유 부 부 지 별　유 장 유 지 서

有朋之信이니라.
유 붕 지 신

【音訓讀】

- 惟…오직 유　　· 靈…신령 령　　· 親…친할 친
- 序…차례 서　　· 朋…벗 붕

【語句解釋】

- 最靈(최령) : 가장 영혼이 총명함.
- 長幼(장유) : 어른과 어린이.
- 朋友(붕우) : 친구, 벗.

【對譯】

　만물 가운데 오직 사람이 가장 영명(靈明)한데, 어버지와 자식 사이에 친애함이 있고, 임금과 신하 사이에 의리가 있고, 남편과 아내 사이에 분별이 있고, 어른과 어린이 사이에 차례가 있고, 벗과 벗 사이에 믿음이 있기 때문이다.

【大意】

　인간이 만물의 영장(靈長)이 되는 이유와 오륜의 도리를 알지 못하면, 금수(禽獸)와 다를 것이 없다는 것을 역설했다.

生我者는 爲父母이고 我之所生은

爲子女며 父之父는 爲祖이고

子之子는 爲孫이니라.

與我로 同父母者는 爲兄弟이고

父母之兄弟는

爲叔이며 兄弟之子女는 爲姪이며

子之妻는 爲婦이며 女之夫는 爲婿니라.

有夫婦然後에 有父子하니 夫婦者는

人道之始也라. 故로 古之聖人이

制爲婚姻之禮하여 以重其事하시니라.

人非父母면 無從而生이며

且人生三歲然後에

始免於父母之懷라.

^고 故로 ^{욕 진 기 효}欲盡其孝면 ^{즉 복 근 지 사}則服勤至死하고

^{부 모 몰}父母沒하시면 ^{즉 치 상 삼 년}則致喪三年하여

^{이 보 기 생 성 지 은}以報其生成之恩이라.

[音訓讀]

- 叔 … 아재비 숙
- 姪 … 조카 질
- 婿 … 사위 서
- 沒 … 죽을 몰
- 報 … 갚을 보
- 恩 … 은혜 은

[語句解釋]

- 服勤(복근) : 섬기기를 부지런히 하는 것.
- 至死(지사) : 죽을 때까지 부지런히 섬긴다는 뜻.
- 致喪三年(치상삼년) : 3년 동안 상복을 입고 언행을 삼가함.

[對譯]

　나를 낳아 주신 분은 부모가 되고, 내가 낳은 것은 자녀가 되며, 아버지의 아버지는 할아버지가 되고, 자식의 자식은 손자가 된다. 나와 더불어 부모를 같이하는 자는 형제가 되고, 부모의 형제는 아저씨가 되며, 형제의 자녀는 조카가 되고, 아들의 아내는 며느리가 되며, 딸의 남편은 사위가 된다.

　부부가 있은 연후에야 부자가 있으니, 부부는 사람의 길의 시작인 것이다. 그런 까닭에 옛 성인이 혼인의 예법을 만들어서 그 일을 소중하게 했다.

　사람은 부모가 아니면 좇아서 태어날 수 없으며 또 사람이 나서 세 살이 된 후에야 비로소 부모의 품을 면한다.

　그러므로 그 효도를 다하고자 하면 섬김을 부지런히 하여야 하며 부모가 돌아가시면 삼 년 동안 거상(居喪)을 극진히 하여 그 낳고 길러 주신 은혜에 보답해야 한다.

【大意 】

　이 글에서는 가장 가까운 친족 관계의 구별을 말했다. 부모의 은혜는 산보다도 높고 바다보다도 깊다.

경 어 야 자　식 군 지 토
耕於野者는　食君之土하고

입 어 조 자　식 군 지 녹
立於朝者는　食君之祿이니

인　고 비 부 모　즉 불 생
人이　固非父母면　則不生이고

역 비 군　즉 불 식　고
亦非君이면　則不食이라. 故로

신 지 사 군　여 자 지 사 부
臣之事君이　如子之事父하여

유 의 소 재　즉 사 명 효 충
唯義所在면　則舍命效忠이니라.

【音訓讀】

• 祿…녹봉 록　• 舍…버릴 사　• 效…힘쓸 효

• 忠…충성 충

【語句解釋】

- 立於朝(입어조) : 조정(朝廷)에 서는 것.
- 祿(녹) : 옛날의 관리의 봉급.
- 舍命(사명) : 목숨을 버리는 것.
- 效忠(효충) : 충성을 다하기에 힘쓰는 것.

【對譯】

　들에서 밭가는 자는 임금의 흙을 먹고, 조정에 선 자는 임금의 녹을 먹는다. 사람은 진실로 부모가 아니면 세상에 나지 못하고, 또 임금이 아니면 먹지 못한다.

　그러므로 신하가 임금을 섬기기를 자식이 어버이를 섬기는 것과 같이 하여, 오직 의(義)가 있는 곳이면 목숨을 바쳐서 충성에 힘써야 한다.

【大意】

　나를 먹여 주는 임금은 나를 낳아 준 어버이와 다름없다 하여 임금에게 군부(君父)라는 경칭을 썼다. 임금이 위태로울 때는 목숨을 바쳐서 임금을 돕는 것을 충성으로 여겼다.

인어등배　　상불가상유
人於等輩에　尙不可相踰어늘

황년고어아　　관귀어아
況年高於我하고　官貴於我하고

도존어아자호　　고　재향당
道尊於我者乎아.　故로　在鄕黨하여는

즉경기치　　재조정
則敬其齒하고　在朝廷하여는

즉경기작
則敬其爵하며

존기도이경기덕　　시례야
尊其道而敬其德이　是禮也니라.

音訓讀]

- 踰…넘을 유　　• 況…하물며 황　• 齒…이 치
- 爵…벼슬 작

【 語句解釋

- 等輩(등배) : 같은 또래의 사람.
- 鄕黨(향당) : 살고 있는 마을. 시골 동네.

【 對譯

　사람이 같은 또래를 대할 때에도 오히려 서로 예의에 벗어나지 못하거늘, 하물며 나이가 나보다도 많고, 벼슬이 나보다도 귀하며, 도(道)가 나보다도 높은 사람에 있어서랴.

　그러므로 향당에 있어서는 그 나이를 공경하고, 조정에 있어서는 그 벼슬을 공경하며, 그 도를 높이고, 그 덕을 공경하는 것, 이것이 예(禮)다.

【 大意

　윗사람을 존중하고 복종하는 질서가 서야 한다. 학문의 조예(造詣)가 깊고 덕행(德行)이 높은 이에 대해서는 공경하고, 거울로 삼아서 본받기에 힘써야 할 것이다.

曾子曰 君子는 以文會友하고
以友輔仁이라 하시니 蓋人이
不能無過나
而朋友有責善之道라. 故로
人之所以成就其德性者는
固莫大於師友之功이라. 雖然이나
友有益友하고 亦有損友하니 取友를
不可不端也니라.

【音訓讀】

• 輔…도울 보　• 仁…어질 인　• 蓋…대개 개
• 雖…비록 수

【語句解釋】

• 輔人(보인) : 어진 덕을 보충하는 것.
• 德性(덕성) : 어진 성품.
• 莫大(막대) : 보다 더 큰 것은 없다는 뜻.
• 益友(익우) : 나에게 도움이 되는 친구.

- 損友(손우) : 나에게 해가 되는 친구.

【對譯】

　증자가 말하기를, "군자는 글로써 벗을 모으고, 벗으로써 자신의 인(仁)을 돕는다."고 했다.

　대체로 사람이 허물이 없을 수 없으나 벗 사이에 책선의 도리가 있으므로, 사람의 덕성을 성취함에 있어 진실로 사우(師友)의 힘보다도 큰 것은 없다. 비록 그렇다지만, 벗에는 이로운 벗이 있고 또한 해로운 벗이 있으니, 벗을 사귐은 단정한 이를 가리지 않을 수 없다.

【大意】

　증자는 벗을 모아서 학문을 강론하고, 서로 선을 권면(勸勉)하여서 덕성을 함양(涵養)하라고 했다.

　벗을 잘 사귀어서 성공하여 이름을 후세에 빛내던가, 벗을 잘못 사귄 까닭에 자기와 집안을 망치는 사례를 얼마든지 볼 수 있다.

　그러므로 벗을 사귀는 데에는 아주 신중(愼重)을 기해야 할 것이다.

동 수 부 모 지 여 기　　이 위 인 자
同受父母之餘氣하여　以爲人者가
형 제 야　　차 인 지 방 유 야
兄弟也라　且人之方幼也에
식 즉 련 상　　침 즉 동 금
食則連牀하고　枕則同衾하여
공 피 부 모 지 은 자
共被父母之恩者가
역 막 여 아 형 제 야　　고
亦莫如我兄弟也라.　故로
애 기 부 모 자　　역 필 애 기 형 제
愛其父母者는　亦必愛其兄弟니라.

【 音訓讀

- 牀…평상 상　　· 枕…배개 침　　· 衾…이불 금
- 被…입을 피　　· 亦…또 역

【 語句解釋

- 方幼也(방유야) : 바야흐로 어렸을 때.
- 連牀(연상) : 자리를 나란히 하는 것.
- 莫如(막여) : ~만 같음이 없다.

【 對譯

　다 같이 부모의 남은 기운을 받아서 사람이 된 것이 바로 형제다. 그리고 사람이 바야흐로 어렸을 적에 밥을 먹을 때는 자리를 나란히 하고, 잠잘 때는 같은 이불을 덮어서 함께 부모의 은혜를 입는 것도 우리 형제만 같은 것이 없다.

　그러므로 그 부모를 사랑하는 자는 또한 반드시 그 형제를 사랑한다.

【 大意

　형제는 한 몸과 같이 서로 사랑하여야 한다. 형제 자매는 마땅히 사랑의 정신을 발휘하여 서로 돕고 이끌어서 공존공영의 길을 가야 할 것이다.

宗_종族_족이 雖_수有_유親_친疏_소遠_원近_근之_지分_분이나 然_연이나

推_추究_구基_기本_본하면 則_즉同_동是_시祖_조先_선之_지骨_골肉_육이니

苟_구於_어宗_종族_족에 不_불相_상友_우愛_애면

則_즉是_시忘_망其_기本_본也_야라.

人_인而_이忘_망本_본이면 家_가道_도漸_점替_체니라.

【音訓讀】

- 宗… 마루 종
- 究… 궁구할 구
- 漸… 점점 점
- 替… 바꿀 체

【語句解釋】

- 推究(추구) : 그 근본을 캐 들어가는 것.
- 漸替(점체) : 점점 쇠퇴하는 것.

【對譯】

　동족의 겨레붙이가 비록 친하고 성기며, 멀고 가까운 등분(等分)이 있다지만, 거슬러 올라가서 그 근본을 캐본다면, 다 같이 한 조상의 뼈와 살이다.

　진실로 동족의 겨레붙이가 서로 우애하지 않는다면, 이는 그 근본을 잊는 것이다. 사람이 되어 그 근본을 잊는다면, 가도가 점점 침체(沈滯)될 것이다.

【大意】

　종족의 계보(系譜)를 밝히고, 친밀을 도모하기 위한 행사로서 족보(族譜)를 간행하는 사업이 널리 행하여졌으며, 대체로 20년이나 30년마다 한 번씩 추간(追刊)한다. 종족 사이에 서로 친애하지 않으면 그것은 근본을 잊는 행위다.

　따라서 서로 친애하여야 한다.

父慈而子孝하며 兄愛而弟敬하며
夫和而妻順하며 事君忠而接人恭하며
與朋友信而撫宗族厚하면
可謂成德君子也니라.

【音訓讀】

•恭…공경할 공   •撫…어루만질 무

【語句解釋】

•撫(무) : 무휼(撫恤)의 뜻. 즉 사랑하여 돕는 것.

【對譯 】

　어버이는 자애롭고 자식은 효도하며, 형은 우애하고 아우는 공경하며, 남편은 화평하고 아내는 유순하며, 임금 섬기기를 충성으로 하고, 사람 대하기를 공손하게 하며, 벗을 사귀되 믿음이 있고, 동족의 겨레붙이를 무휼(撫恤)하기를 후하게 하면 덕을 이룬 군자라 말할 수 있다.

【大意 】

　한 조상의 자손인 친족을 아끼고 힘을 다하여 서로 돕는 다면, 그 집안은 번영을 누리게 된다.

凡人稟性이 初無不善이니

愛親敬兄忠君弟長之道가

皆已具於吾心之中이니

固不可求之於外面하고

而惟在我力行而不已也니라.

人非學問이면

固難知其何者爲孝何者爲忠何者

爲弟何者爲信이라.

故로 必須讀書窮理하며

求觀於古人하며 體驗於吾心하여

得其一善하여 勉行之면

則孝弟忠信之節이

自無不合於天叙之則矣니라.

【音訓讀】

- 稟 … 받을 품
- 具 … 갖출 구
- 叙 … 펼 서
- 驗 … 경험할 험
- 勉 … 힘쓸 면
- 則 … 법 칙
- 須 … 모름지기 수

【語句解釋】

- 稟性(품성) : 타고난 성품.
- 力行(역행) : 힘써 행하는 것.
- 不已(불이) : 쉬지 않는다.
- 窮理(궁리) : 이치를 궁구하는 것.
- 無不(무불) : 아닌 것이 없음.
- 天叙(천서) : 하늘이 정함.

【對譯】

무릇 사람의 타고난 성품은 처음에는 선하지 않음이 없

어서, 어버이를 사랑하고, 형을 공경하며 임금에게 충성하고, 어른에게 공손히 하는 도리가 이미 자신의 마음속에 갖추어져 있다.

진실로 외부에서 이를 구하지 말고, 오직 자신이 힘써 행하지 않을 뿐이다.

사람은 학문을 하지 않으면 진실로 그 어느 것이 효(孝)가 되고 어느 것이 충(忠)이 되며, 어느 것이 공손이 되는지, 어느 것이 신(信)이 됨을 알기 어렵다.

그러므로 반드시 글을 읽어서 이치를 궁구(窮究)하고, 옛사람의 행실을 관찰하여 내 마음에 체험하여서, 그 한 가지 선(善)이라도 얻어 이를 힘써 행한다면 효·제·충·신의 절도(節度)가 자연히 하늘이 베푼 법칙에 맞지 않음이 없을 것이다.

【大意】

사람의 성품은 지극히 선하여서, 어버이를 사랑하고 형을 공경하며, 임금에게 충성하고 어른에게 공손히 하는 도리가 이미 마음속에 갖추어져 있으니, 애써 다른 데서 구하려 하지 말고 마음속에 있는 대로 실천하면 되는 것이다.

수 렴 신 심　　　막 절 어 구 용
收斂身心이　莫切於九容이니

소 위 구 용 자　　족 용 중　　　수 용 공
所謂九容者는　足容重하며　手容恭하며

목 용 단　　　구 용 지　　　성 용 정
目容端하며　口容止하며　聲容靜하며

두 용 직　　　기 용 숙　　　입 용 덕
頭容直하며　氣容肅하며　立容德하여

색 용 장
色容莊이니라.

【音訓讀】

· 收 … 거둘 수　　· 斂 … 거둘 렴　　· 肅 … 엄숙할 숙

· 莊 … 씩씩할 장

【語句解釋】

· 收斂身心(수렴신심) : 흐트러진 몸과 마음을 거두어서 바로 가지는 것.

· 莫切(막절) : 보다 더 절실한 것은 없다.

· 容端(용단) : 모양이 단정한 것.

· 容莊(용장) : 모양이 장중한 것.

【對譯】

　몸과 마음을 거두어 바르게 가짐이 구용(九容)보다도 절실한 것은 없다.

　이른바 구용(九容)이란, 발의 모습은 무겁고, 손의 모습은 공손하고, 눈 모습은 단정하고, 입 모습은 멈추어 있고,

소리의 모습은 고요하고, 머리 모습은 곧고, 숨쉬는 기운
의 모습은 엄숙하고 서 있는 모습은 덕스럽고, 얼굴빛의
모습은 식씩한 것이다.

【大意】

아홉 가지 몸의 모습은, 몸과 마음이 흐트러지지 않은 단정
한 자세이다. 사람은 한가로이 집에 있을 때나 밖에 나가 처세
함에 있어, 늘 이 같은 자세를 가져서 몸가짐과 마음가짐을 바
르게 해야 한다.

進學益智_는 莫切於九思_니

所謂九思者_는 視思明_{하며} 聽思聰_{하며}

色思溫_{하며} 貌思恭_{하며} 言思忠_{하며}

事思敬_{하며} 疑思問_{하며} 忿思難_{하며}

見得思義_{니라.}

【音訓讀】

- 聰 … 귀밝을 총
- 貌 … 모양 모
- 恭 … 공손한 공
- 疑 … 의심할 의
- 忿 … 분할 분
- 得 … 얻을 득

【語句解釋】

- 益智(익지) : 지혜를 계발하는 것.
- 九思(구사) : 아홉 가지 생각할 것.
- 見得思義(견득사의) : 이득을 보면 의를 생각하는 것.

【對譯】

　학문을 더 나아가게 하고 지혜를 계발하는 데는 구사(九思)보다 더 절실한 것은 없다.

　이른바 구사(九思)란, 보는 것은 밝게 보기를 생각하고, 듣는 것은 정확하게 듣기를 생각하고, 얼굴빛은 온화하게 가지기를 생각하고, 용모는 공손하게 가지기를 생각하고, 말을 성실히 하기를 생각하고, 일은 공경히 하기를 생각하고, 의심나는 것은 물을 것을 생각하고, 분한 일이 있으면 어려움이 닥칠 것을 생각하고, 이득(利得)을 보면 의(義)를 생각하는 것이다.

【大意】

사람이 학업을 연구하고 지혜를 계발하는 데 있어, 가장 중요하게 생각해야 할 아홉 가지의 일을 설명했다.

구사(九思)는 학문을 닦고 지혜를 기르는 데만 절실한 것이 아니라, 우리의 일상 생활에 있어 반드시 지켜야 할 좌우명(座右銘)이다.

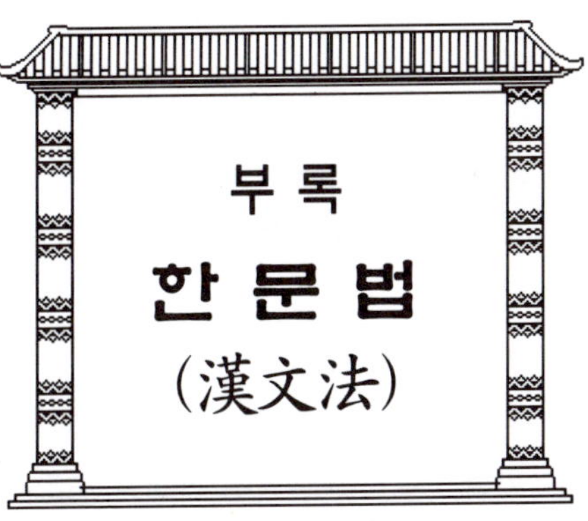

부록

한 문 법

(漢文法)

漢 文 法

1. 주어(主語)와 술어(述語)로 된 것.

   [주어 + 술어]

   年少(연소) - 나이가 젊다.

   國立(국립) - 나라를 세우다

   * 主語를 먼저 새기고, 그 다음에 述語를 새긴다.

2. 술어(述語)와 목적어(目的語)로 된 것(主語 省略).

   [술어 + 목적어]

   作文(작문) - 글을 짓다.

   修己(수기) - 몸을 닦다.

   * 目的語를 먼저 새기고, 그 다음에 述語를 새긴다.

3. 술어(述語)와 보어(補語)로 된 것(主語 省略).

   [술어 + 보어]

   入學(입학) - 학교에 들어간다.

   下山(하산) - 산에서 내려온다.

   * 補語를 먼저 새기고, 그 다음에 述語를 새긴다.

4. 상대(相對)의 뜻으로 된 것.

可否(가부) - 옳고 그른 것.

興亡(흥망) - 흥하고 망하는 것.

5. 유사(類似)한 뜻으로 된 것.

人民(인민) - 백성.

土地(토지) - 땅.

6. 첩어(疊語)로 된 것.

洋洋(양양) - 바다의 넓은 모양.

堂堂(당당) - 기상이 뛰어난 모습.

7. 수식 관계(修飾關係)로 된 것.

幼兒(유아) - 어린 아이.

急行(급행) - 급히 행함.

* 먼저 修飾語 부분을 새기고, 그 다음 글자를 나중에 새긴다.

8. 긍정(肯定)이나 부정(不定)으로 된 것.

不復(불부) - 다시 ~없다.

非不(비불) - 아니하지 ~못하다.

* 副詞에 해당되는 글자가 있으면 먼저 새기고, 그 다음에 다른 글자를 새긴다. 그러나 二重否定은 반드시 아래 글자를 먼저 새기고 위의 글자를 나중에 새긴다.

9. 기본 구성(基本構成)

①　　　②
主語 + 述語(動詞)

①②　　①②
春來하니 花開라. (봄이 오니 꽃이 핀다.)
춘 래　　 화 개

①　　　　②
落花는 飛來라. (떨어진 꽃은 날아서 온다.)
낙 화　　 비 래

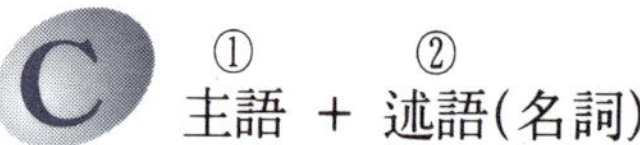

①　　　②
主語 + 述語(形容詞)

①　　　　②
日暖하고 風和라. (날이 따뜻하고 바람이 화창하다.)
일 난　　 풍 화

①　　　　②
草木은 鮮美라. (풀과 나무는 곱고 아름답다.)
초 목　　 선 미

①　　　②
主語 + 述語(名詞)

①　　②
弟는 中學生이다. (아우는 중학생이다.)
제　 중 학 생

①　　　　　②
乙支文德은 名將也라. (을지문덕은 이름난 장수다.)
을 지 문 덕　　 명 장 야

* 만일 이 원칙에 맞지 않으면 주어, 술어 또는 목적어 등의 어느
하나, 또는 둘이 생략된 것으로 보면 된다.

10. 보충 구성(補統構成)

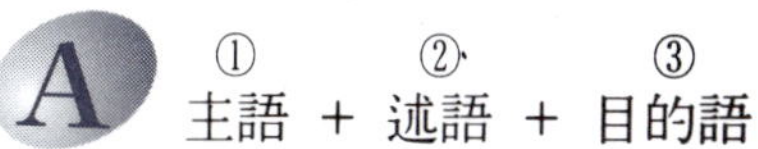

主語 + 述語 + 目的語

①②③
我讀書라. (나는 글을 읽는다.)
아 독 서

① ②③
農夫는 耕田이라. (농부는 논을 간다.)
농부　　경전

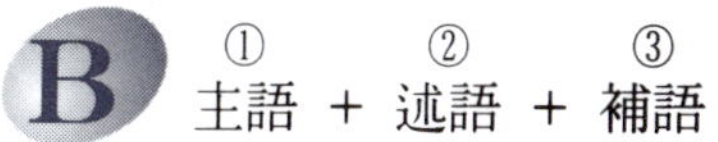

主語 + 述語 + 補語

①②③
我登校라. (나는 학교에 간다.)
아 등 교

① ②③
今日之事는 有今日이라. (오늘의 일은 오늘에 있다.)
금일 지사　　유 금일

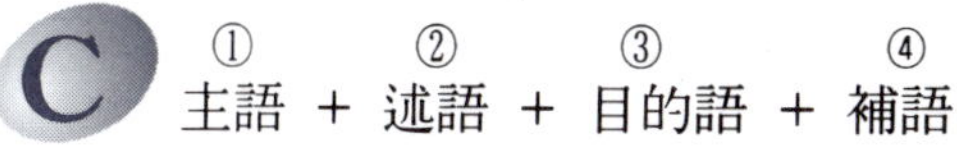

主語 + 述語 + 目的語 + 補語

① ②③④
父母는 稱吾幼兒라. (부모는 나를 어린 아이라 부르신다.)
부모　　창오유아

①　　②③　④
古書에 謂人動物이라. (옛날 책에서 사람을 동물이라 이르
고서　　위인 동물　　　　니라.)

* 문장 성분(文章成分)의 이해(理解)

㈎ [主語]가 될 수 있는 말은 「은, 는, 이, 가, 께서」 등의 助詞
가 붙는다.

㈏ [述語]가 될 수 있는 말은 「動詞, 形容詞, 名詞」 등이다.

㈐ [目的語]가 될 수 있는 말은 「을, 를」 등의 助詞가 붙는다.

㈑ [補語]가 될 수 있는 말은 「이다, 아니다, 있다, 없다」 등이
뒤에 온다.

11. 문(文)의 생략(省略)

A 　主語의 省略

〈宋人〉或 曰 以德報怨이 何如오.
〈송인〉혹 왈 이덕보원　　하여

(〈宋나라 사람의〉어떤 이가 말하기를 덕으로써 원수를 갚는 것
이 어떠한고?)

B 　述語의 省略

汝學生乎아. 〈我答 曰〉學生也니라.
여 학 생 호　〈아 답 왈 〉학 생 야

(너는 학생이냐? 〈나는 대답하여 말하되〉학생입니다.)

 目的語의 省略

人不學 〈文〉而無恥면 非人也니라.
인불학 〈문〉 이무치   비인야

(사람이 〈글을〉 배우지 아니하고도 부끄러워하지 아니하면 사람
 이 아니니라.)

 補語의 省略

國家加惡法於民이면 民不服 〈於此〉이라.
국가가악법어민   민불복 〈어차〉

(나라가 백성에게 악법을 가하면 백성은 〈이에〉 복종하지 아니
 한다.)

12. 성분(成分)의 도치(倒置)

 主語와 述語와의 倒置

美哉라 山河여. (아름답도다. 산과 물이여!)
미재   산하

山河여 美哉라. (산과 물이여! 아름답도다.)
산하   미재

 主語와 目的語와의 倒置

此汝知乎아. (이것을 네가 아느냐?)
차여지호

汝知此乎아. (네가 이것을 아느냐?)
여지차호

 **主語와 補語와의 倒置**

四澤에 春水滿이라. (사방 못에 봄 물이 가득하다.)
사택　춘수만

春水는 滿四澤이라. (봄 물이 사방 못에 가득하다.)
춘수　만사택

D　目的語와 補語와의 倒置

先生이 稱才子金君이라. (선생이 재주 있는 사람은 김
선생　청재자김군　　군이라 칭하니라.)

先生이 稱金君才子라. (선생이 김군을 재주 있는 사람
선생　청김군재자　　이라 칭하니라.)

E　述語語와 目的語와의 倒置

山水를 周覽乎아. (산과 물을 두루 보았느냐?)
산수　주람호

周覽乎아 山水를. (두루 보았느냐, 산과 물을.)
주람호　산수

F　述語와 補語와의 倒置

景致는 深山在라. (경치는 깊은 산에 있다.)
경치　심산재

景致는 在深山이라. (경치는 깊은 산에 있다.)
경치　재심산

* 이상, 문장(文章)의 기본 구성(基本構成)과 보충 구성(補統
構成)에서 각 성분(各成分)의 정위치(正位置)를 보았거니
와, 문장(文章) 각 성분의 위치(位置)를 뒤바꿔, 문장 중의
어떤 단어(單語)나 또는 문의(文意)를 강조(强調)하고 혹은
어조(語調)를 조화(調和)시킨다.

13. 한문해독(漢文解讀)을 위한 학습(學習)

 조사(助詞)

㈎ 종결조사(終結助詞) : 문장(文章)의 끝에 붙어서 서술
(敍述), 의문(疑問), 감탄(感歎) 등의 뜻으로 쓰인다.
  ㈀ 敍述의 경우 - 也(야)·依(의)·焉(언)·爾(이) 등.
  〈~이다, ~이니라〉
  而已矣(이이의) 而耳(이이) 而已(이이)
  〈~일 뿐이니라, ~할 따름이다〉
  ㈁ 疑問의 경우 - 乎(호) 哉(재) 耶(야)
  〈~리오? ~인가, ~하는가?〉
  ㈂ 感歎의 경우 - 乎(호) 哉(재) 也(야)
  〈~느냐, ~인가! ~하는가!〉
㈏ 접속조사(接續助詞) : 어구(語句) 사이에 끼어서 앞뒤를
연결(連結)시켜 준다.
  之(지) 〈~의, ~하는〉
  ※ 之는 대체로 소유격(所有格)으로 쓰인다.
㈐ 전치사(前置詞) : 어떤 말의 앞에 붙어 앞뒤를 연결(連
結)시켜 주는 조사(助詞)를 편의상 전치사(前置詞)로

다룬다.

　㈀ 以(이) 〈~으로써〉

　㈁ 於(어) 于(우) 〈~에, ~에게, ~보다〉

　㈂ 與(여) 〈~와 더불어, ~함께〉

 접속사(接續詞)

文章 사이에 끼어서 앞뒤를 연결(連結)시켜 준다.

　㈀ 然(연) 〈그러나〉

　㈁ 而(이) 〈~하며, ~하여, ~하고, ~하여도〉

　㈂ 則(즉) 〈~하면 곧〉

C 의문사(疑問詞)

㈎ 대개 문장의 머리에 붙어 문미(文尾)에는 의문종결조사
　(疑問終結助詞)를 수반한다.

　인칭대명사(人稱代名詞) - 誰(수) 何人(하인) 〈누가, ~
　인가〉

㈏ 의문부사(疑問副詞) : 대개 의문대명사(疑問代名詞)의
　경우와 같다.

　何(하) 安(안) 豈(기) 惡(오) 〈어떠하냐? 어찌하냐? 어
　떤고? 얼마냐?〉

 부정사(否定詞)

본동사(本動詞)의 앞에 붙어서 본동사를 부정(否定)한다.

無(무) 毋(무) 不(불) 非(비) 莫(막) 未(미) 罔(망)
〈~하지 아니하다, ~못하다, ~말다, ~없다〉

 사동(使動)과 피동(被動)

● 주체(主體)가 객체(客體)를 ~하게 하다. (使動)
● 객체(客體)가 주체(主體)에게서 ~을 당하다. (被動)
　(ㄱ) 使動詞 - 使(사) 令(령) 卑(비) 敎(교)
　(ㄴ) 被動詞 - 爲(위) 被(피) 見(견) 蒙(몽)

 발언사(發言辭)와 감탄사(感歎詞)

대개 문장의 맨 처음에 붙어서, 말을 이끌거나 또는 감탄을 뜻할 때 쓰인다.
　(ㄱ) 夫(부) 大抵(대저) 抑(억) 維(유)
　(ㄴ) 噫(희) 嗚呼(오호) 嗟呼(차호)

동몽선습 / 계몽편

1판 2쇄 · 2001. 5. 10.

엮은이 · 이상기
펴낸이 · 김철영
펴낸곳 · 전원문화사
　　　　☎ 157-033 서울시 강서구 등촌3동 684-1
　　　　　에이스 테크노타워 203호
　　　　☎ 6735-2100~2 / Fax 6735-2103
등록 · 1977. 5. 23. 제 6-23호

정가 · 6,000 원

잘못 만들어진 책은 바꾸어 드립니다.
ISBN · 89-333-0531-9　03700